Ewald Horn

Die Disputationen und Promotionen an den deutschen Universitäten

Ewald Horn

Die Disputationen und Promotionen an den deutschen Universitäten

ISBN/EAN: 9783743493469

Hergestellt in Europa, USA, Kanada, Australien, Japan

Cover: Foto ©ninafisch / pixelio.de

Weitere Bücher finden Sie auf **www.hansebooks.com**

Die

Disputationen und Promotionen

an den

Deutschen Universitäten

vornehmlich seit dem 16. Jahrhundert

Mit einem Anhang
enthaltend ein Verzeichnis aller ehemaligen und
gegenwärtigen deutschen Universitäten

Von

Dr. Ewald Horn

Elftes Beiheft zum Centralblatt für Bibliothekswesen

Leipzig
Otto Harrassowitz
1893

Praeceptori suo aestumatissimo olim Halensi,
nunc rectori Sedinensi

CHRISTIANO MUFF

cum omnium bonarum artium, tum dialecticae
rhetoricesque magistro atque antistiti

levidense hoc opusculum signum
sempiternae piaeque memoriae
esse vult

auctor.

VORWORT.

Die Veranlassung zur vorliegenden Schrift ergab sich für mich im Laufe der Bearbeitung einer Bibliographie der deutschen Universitäten. Die alten akademischen Programme und Dissertationen enthalten nämlich massenhaftes und noch wenig ausgenutztes Material zur Universitätsgeschichte. Nun hat aber die bibliographische Behandlung dieser Litteratur immer einige Schwierigkeiten gehabt, da die Titelblätter, besonders wegen der häufig vorkommenden Doppelnamen von der gewöhnlichen Form der Buchtitel durchaus abweichen. Um hier Klarheit zu gewinnen, unternahm ich es, das Wesen der akademischen Disputationen in seinem ganzen Umfange zu studieren. Was ich gefunden habe, lege ich hier vor, indem ich hoffe, der Bibliothekssache im Ganzen damit zu dienen. Zugleich möchte ich die Arbeit auch als einen bescheidenen Beitrag zur Geschichte der Pädagogik angesehen wissen.

Ob ich Wesentliches ausgelassen habe, mögen diejenigen beurteilen, die mehr wissen als ich, es aber unterlassen haben, das Thema anzugreifen. Uebrigens — $\mu\omega\mu\eta\sigma\epsilon\tau\alpha i\ \tau\iota\varsigma\ \mu\tilde{\alpha}\lambda\lambda o\nu\ \tilde{\eta}\ \mu\iota\mu\eta\sigma\epsilon\tau\alpha\iota$.

Unterrichteten Lesern könnte auffallen, dass ich bei der Einteilung und Aufzählung der verschiedenen Arten der akademischen Disputationen der Disputationes quodlibeticae nicht gedacht habe. Das ist hauptsächlich aus zwei Gründen unterblieben. Erstens sind die Quodlibet-Disputationen nur auf den ältesten Universitäten (Prag, Wien, Heidelberg, Köln und Erfurt) zu Hause gewesen und auch da bereits im. 16. Jahrhundert verschwunden, und zweitens sind keine litterarischen Denkmäler solcher Disputationen in nennenswerter Anzahl überliefert. Sie sind mit den sonst überall üblich gewesenen akademischen Disputationen in keiner Weise zu vergleichen, sondern als singuläre Erscheinungen eigener Art zu betrachten. Nach Kink und Zarncke, die ungefähr gleichzeitig auf die Quodlibet-Disputationen aufmerksam machten (ersterer in seiner Geschichte der Universität Wien, 1854, letzterer in M. Haupts Zeitschr. für deutsch. Altert. Bd. IX, 1853), hat man darunter eine jährlich einmal stattfindende Musterdisputation zu verstehen, die ein gewählter Magister quodlibetarius mit allem Aufgebot seiner Gelehrsamkeit, seines Witzes und Scharfsinns, seiner Beredsamkeit und Schlagfertigkeit gegen sämtliche Magister der Universität durchzuführen hatte. Und zwar hatte er nicht bloss bestimmte, vorher aufgegebene wissenschaftliche Fragen zur Entscheidung zu bringen, sondern auch ex tempore, d. h. unvorbereitet auf alle möglichen Sophismen und Quästionen, die ihm vorgelegt wurden, zu antworten.

Es sind einige Quodlibet-Disputationen als Inkunabeln auf uns gekommen; zweifelhaft kann daran sein, ob sie vor oder nach der öffentlichen Verteidigung gedruckt worden sind. Die Königliche Bibliothek in Berlin besitzt: „Sequens questio determinata est in quodlibeto studio Erffordensi Anno 1486 post Bartholomei Ad petitionem multorum tam religiosorum quam secularium contra triplicem errorem. Primo contra eos, qui praesumunt calculare et determinare diem novissimum . . . . . Secundo contra quendam tractatum impressum, qui dicit quod anticristus non sit personaliter venturus, sed quod Machametus fuerit verus et personalis antixpus. Tertio ista questio est determinata contra quendam librum cuiusdam solitarii, quem intitulant de cognitione vere vite et ascribunt beato Augustino, sed falsissime . . ." Das Ganze ist ein umfangreicher wissenschaftlicher Traktat auf 44 Quartblättern, der sich mit der Widerlegung der genannten Irrtümer beschäftigt. Nichts weist hin auf eine mündliche akademische Disputation. Der Schluss heisst: „Et tantum de ista quaestione cum suis problematibus". Verfasser und Drucker sind hier so wenig genannt wie bei der folgenden Quaestio.

Diese besitzt die Leipziger Universitätsbibliothek. Sie lautet: „Questio expectatoria in alma vniuersitate lipsensi tempore quodlibeti disputata". Am Schluss: „Impressum Liptzck. Anno 1498." Hierin wird folgende Frage aufgeworfen: „Utrum primum in supremo gradu ens. Unum in quo nullus numerus. Virtus efficax et inexplicabilis. Sempiterna vita. Prima eterna substantia. naturam guberuans. Intelligendo a se incipiens et in se desinens. Summatim non gradatim omnia cognoscens. Sit rerum utilis terminus. immortalis providentia. interminata potestas. movens omnia. immobile. Supremam nature arcem summus tamquam princeps in vniuerso tenens."

Durch drei Artikel mit je drei Conclusionen, diese wieder mit je drei Corollarien, wird die Quaestio in aphoristischen Sätzen, über die sich jedenfalls noch hat disputieren lassen, zum Schluss geführt. Dieser besagt: „Quia primarium principium in supremo gradu ens, omnes gentes, et strenuus plato appellant deum deorum. Ideo tribus ipsum honorant. adoratione. sacrititio thuris et hymnis. ac eius deputatam arcem recte in vertice celi fore putant in secula seculorum." Soweit der wissenschaftliche Text; es folgt dann noch der Satz: „Per hanc patet positionem. quid philosophice probabiliterque dicendum sit ad supramotam (cum suis appendicijs) methaphisicalem quaestionem."

Im Gegensatz zu der Erfurter macht diese Leipziger Disputation den Eindruck, als ob sie vor dem mündlichen Akt als materia disputandi gedruckt worden sei. Wir sehen aber aus den beiden Beispielen, dass im Quodlibet wohl ernsthafte Fragen von allgemeinerem Interesse durchdisputiert wurden. Von Zarncke erfahren wir dazu noch, dass damit das akademische Fest — denn für ein solches muss es gehalten werden — allein nicht ausgefüllt wurde. Komische Intermezzos unterbrachen den wissenschaftlichen Ernst der mehrtägigen Debatte. Sie bestanden in witzigen Reden der Baccalarien über aufgegebene Themata z. B. de concubinariis sacerdotum. Zarncke hat deren in seinem Buche über „Die deutschen Universitäten im Mittelalter" abgedruckt. Es genügt hier, darauf zu verweisen. Die Quodlibet-Disputationen sind also eine Sache für sich gewesen, und man wird es nach dem Gesagten billigen, dass ich sie mit den gewohnten akademischen Disputierübungen nicht zusammengebracht habe. —

Wer übrigens in Beziehung auf akademisches Leben und Treiben, Lehren und Lernen, kurz über das ganze Wesen der deutschen Universitäten in früheren Jahrhunderten zu einem auf Kenntnis beruhenden Urteil kommen will, der muss vor allem drei Bücher gelesen haben, nämlich: 1. Gumpelzhaimer, G., Gymnasma de exercitiis

Academicorum. Argent. 1621. Neue Ausgabe von J. M. Moscherosch. Ibid. 1652. 8; 2. Itter, Jo. Chr., De honoribus sive gradibus academicis liber. Editio nova Francof. ad Moen. 1698. (Erste Ausgabe 1679). 4; 3. Conring, Herm., De antiquitatibus academicis dissertationes septem una cum ejus supplementis. Recognovit Christ. Aug. Heumann. Gottingae 1739. (Erste Ausg. 1655, zweite 1674). 4.

Mit dieser Empfehlung sei die Vorrede beschlossen.

Kapitel 1.
Wesen und Zweck der akademischen Disputationen.

Man kann alle Wissenschaftgewinnung ein Disputieren nennen, insofern als das Wort disputare bedeutet: Irrtümer berichtigen. Im weitesten Umfange gedacht gilt diese Thätigkeit als Philosophie, die auf Ermittelung der Wahrheit gerichtet ist. Aber es ist ein Anderes, ob mir die Wahrheit als eine gegebene, objektiv bereits feststehende entgegentritt, die ich mir nur durch geistige Anstrengung anzueignen brauche, oder ob ich völlig voraussetzunglos, vom Zweifel und von dem Bewusstsein, nichts zu wissen, ausgehend, selbst prüfend und kritisch sichtend, Wahrheit, nicht die Anderer, sondern eigene, neue, zu gewinnen trachte. Jenes ist der Standpunkt der Vergangenheit, dieses das Verfahren der Neuzeit.

Die sieben freien Künste des Mittelalters verfolgten im Trivium die formale, im Quadrivium die reale oder eigentlich wissenschaftliche Bildung. Das Vehikel des ganzen Studienbetriebes war die lateinische Sprache, sie musste gelernt und geübt werden. Daher kam es, dass, nachdem die Grammatik absolviert war, die Dialektik fortwährend im Mittelpunkt des gelehrten Unterrichts stand. Im Trivialunterricht mochte sie immerhin formal bleiben und der blossen logisch-sprachlichen Uebung dienen; in der Anwendung auf die Realwissenschaften aber zielte sie auf Gewinnung positiver Kenntnisse. Diese aus überlieferten Quellen zu lehren blieb bis in das nachreformatorische Zeitalter die Aufgabe der Artistenfakultät der Universitäten, die daher die Grundlage gab für das Studium in den drei oberen Fakultäten.

Aber auch in diesen stand die Wissenschaftgewinnung unter dem Banne der Ueberlieferung und der Autorität. Daraus erklärt sich ihre Weise. Die Universitäten suchen nicht die Wahrheit, sondern lehren sie und üben sie ein; sie sind nicht Forschungs-, sondern Unterrichtsanstalten. Nicht so sehr war das Erkennen der Sache, als die schulmässige Behandlung eines Thema probandum nach den Regeln der Dialektik Zweck und Ziel des Wissenschaftbetriebes. Der höhere akademische Unterricht bestand demnach im *docere* und *disputare*. Jenes ist Tradition und Rezeption, dieses Applikation und Reproduktion. Das Forschen nach der Wahrheit beschränkte sich darauf, zu ermitteln was die Alten für wahr gehalten haben; darin bestand der positive Ertrag des Studiums.

Kein Zweifel, dass im Disputieren der Schwerpunkt des akademischen Studiums gelegen war, und das Dozieren nur Mittel zum Zweck. In einer öffentlichen Disputation offenbarte sich der Wesenskern der Universitäten, darum wurde sie auch mit besonderem Glanze umgeben.

Auch im bürgerlichen Leben herrschte die Autorität. Das Volk war nach Ständen und Berufsarten über-, unter- und nebengeordnet. Also musste die Autorität bei den Lehrern der autoritären Wissenschaft gleichfalls legitimiert auftreten und sich durch Aeusserlichkeiten befestigen. Die allgemeine Bedeutung der Wörter Magistri und Doctores wurde daher eingeschränkt auf die akademischen Magistri und Doctores. Ein Lehrstand bildete sich nach Art der Gilden und Innungen, unterschieden in Lehrlinge, Gesellen und Meister. Es entstanden die schulmässigen Prüfungen und die akademischen Grade.[1]) Die Wissenschaft wurde handwerksmässig gelernt und betrieben, und die wissenschaftliche Fertigkeit zeigte sich im Disputieren. Eine öffentliche Disputation gehörte also zum akademischen Gesellen- und Meisterstück.

Aber es wurde nicht nur disputiert, wenn ein akademischer Grad zu gewinnen war. Abgesehen davon, dass das Disputieren einen integrierenden Bestandtheil des akademischen Unterrichts überhaupt ausmachte und statutenmässig in umfangreichem Masse, namentlich in der philosophischen Fakultät vorgeschrieben war, gab es der Gründe viele, aus denen die Studenten zu öffentlichen Disputationen schritten. Wer nur immer nöthig hatte, sich und Andern (den Eltern und Patronen) nach einem gegebenen Zeitabschnitt Rechenschaft abzulegen vom Stande seines Wissens und Könnens, der disputierte, und die gehaltene Disputation galt als testimonium diligentiae oder specimen eruditionis.

Den akademischen Lehrern lag die Pflicht ob, Disputationen zu veranstalten; die Theilnahme daran seitens der Studirenden konnte jedoch nur aus privaten Gründen erfolgen. Welcher Art die nun auch sein mochten — wir werden sie noch näher kennen lernen —, ihre Disputationen fielen hinein in den Rahmen der von der Universität dargebotenen Gelegenheit, sie fanden statt „hora locoque consuetis" und waren anfänglich samt und sonders bis in das 16. Jahrhundert hinein, und im Grossen und Ganzen auch noch weiterhin, öffentliche

---

1) Im 13. Jahrhundert, wie nach H. Conring, Antiquitates academicae, angenommen wird.

Disputationen, disputationes publicae, ganz gleichgültig, ob es sich dabei um die Erwerbung eines akademischen Grades oder um etwas Anderes handelte.

Wie haben wir uns nun eine solche Disputation vorzustellen? Der feierliche Aktus findet statt in einem festlich geschmückten Auditorium. Die Subsellien sind mit Teppichen behängt. Auf dem obern Katheder thront der Professor-Präses, vor ihm steht auf dem unteren der Respondent; diesem gegenüber haben die zwei oder drei ordentlichen Opponenten Platz genommen. Die Corona bilden die Professoren, Magistri und Baccalarien der Fakultät, alle in Amtstracht, „honeste vestiti" sagen die Tübinger Statuten, und das Gros der Studentenschaft. Zugegen ist auch der Dekan als aufsichtführende Amtsperson, seiner Befehle gewärtig sind die Bidelli.

Zur Verhandlung steht der Inhalt der vor acht Tagen veröffentlichten Disputierschrift nebst den etwa angehängten Corollarien. Der Präses eröffnet die Disputation. Die Opponenten ordinarii beginnen mit ihren Einwänden. Der Respondent erwidert. Es folgen als Opponentes extraordinarii die Professoren und Magistri, dem Range und Alter nach. Jedem ist die Zeit zugemessen.[1]) Arguentes heissen sie auch, weil sie Argumente gegen den Respondenten vorbringen. Nicht mehr als drei Argumente sind dem Einzelnen gestattet, nicht mehr als zwei Quästionen und ein Sophisma, heisst es in Wien. Der Präses giebt Acht, dass die Ordnung gewahrt und nach der Regel verfahren wird.

Was sollte nun bei diesem Redeturnier herauskommen? Was war der Zweck solcher Veranstaltungen? Ich lasse die Alten reden. „Controversiae in omnibus subortae disciplinis facultatum exercitii et eruendae veritatis gratia in disputationes ... vocentur", sagen die Erfurter Statuten.[2])

Ludovicus Vives, De disciplinis libri XX. Lugduni 1551, unterscheidet Disputationen der Schüler exercitii causa und solche von Männern zur Ermittelung der Wahrheit. „Disputationes non leviter exoculiarunt judicium: fuerunt quidem olim, sed inter juvenes institutae disputationes, quo excitaretur vigor ille animi saepe torpens et alacriores essent ad studia, vel ut vincerent vel ne vincerentur, tum ut altius infigerentur, quae a magistris accepissent. Inter viros aut natu grandiores fuit quaedam opinionum ac rationum collatio, non ad victoriam intenta, sed ad enucleandum verum. Nomen ipsum testatur dici disputationes quod per eas veritas ceu putaretur ac purgaretur."

---

1) Damit desto mehr Opponenten zu Worte kämen, sollte keiner in den ordinariis exercitiis über eine halbe, in den extraordinariis über eine ganze Stunde argumentiren. So bestimmen u. a. die Statuten der mediz. Fak. in Erfurt von 1634.

2) Akten der Universität Erfurt. Herausg. v. d. Histor. Kommission d. Prov. Sachsen. Bearb. v. Weissenborn. Halle 1881. 54.

Christian Thomasius schildert den Zweck der öffentlichen Disputationen in der Vorrede zu seiner Quaestionum promiscuarum Dodecas, Halae 1693, mit folgenden Worten: „Debebant homines ideo disputare, ut collatione duorum vel veritas eo facilius inveniretur, vel falsitas et error eo melius evitare possit."

Ein weiteres Zeugniss für die Bedeutung und den Werth der akademischen Disputationen liefert die Vorrede zu A. von der Kuhls Disputatio juridica continens enodationem ... controversiarum ex Instit. locis ... desumptarum ... Praeside ... G. A. Struve ... Jenae 1655. Da heisst es: „Magnam vim magnumque momentum positum esse in exercitiis disputatoriis ad indagandum rerum veritatem, ad eruendam quaestionum occurrentium difficultatem, ad acuendum ingenium, ad acquirendum linguae promptitudinem, denique ad roborandam conceptuum notitiam, in confesso est apud omnes, qui solidioris eruditionis laudem aucupantur."

Aehnlich schreibt der Verfasser einer im Jahre 1587 zu Altdorf gehaltenen Disputation:[1] „Veritatis ... indagandae ratio ... nulla ... melior aut facilior quam contrariorum diligens collatio atque disquisitio ... Ut enim in aliis Academiis disputandi exercitium (optimo certe consilio: ut nimirum veritatis justitiaeque illustrandae et utriusque tum artis Logicae tum Jurisprudentiae exercendae bona et assidua sit occasio) receptum est, ita in hac Noricorum alma Academia assidue frequentatur ..."

Ich will den Leser nicht mit weiteren Zitaten ermüden. Aus allen geht übereinstimmend ein doppelter Zweck der akademischen Disputationen hervor:

1. ein objektiver oder materieller, auf Ermittelung der Wahrheit, d. h. Bereicherung der Wissenschaft gerichteter, allerdings nicht in dem Sinne, als wenn zum Wissen der Alten etwas Neues hinzugefügt worden wäre, da ja vielmehr aus ihnen einzig und allein die Wahrheit geschöpft wurde;

2. ein subjektiver oder formaler, auf dialektische Fertigkeit und Handhabung der Autoren abzielender.

Ihren Abschluss fanden diese Uebungen für den Einzelnen mit seiner Disputation pro licentia summos honores adipiscendi. Hier legte er den Beweis der erlangten Fertigkeit ab, er erwarb damit die Befähigung, selbst vom obern Katheder herab akademische Disputationen als Präses zu veranstalten.

Eine etwas einseitige Auffassung von den akademischen Disputationen vertritt der berühmte H. Conring in Helmstedt. In der Vorrede zu Naaman Bensenii Exercit. polit. de summae potestatis subjecto, Helmest. 1651, schreibt er folgendermassen: „Ea nimirum est

---

[1] Divina favente gratia. Praeside et autore Ioanne Buserent ... has de Legatis positiones Publica Disputatione tuebitur Hoierus Gartz. Altorphi 1587. 4.

conditio exercitationum istiusmodi scholasticarum, in rebus praesertim levioribus, quales quaestiones meo Galeno λογικαὶ dicuntur, ut illi ludi quidam sint διαλεκτικῆς γυμνασίας; ut ostendat respondens, quid possit in defendenda proposita thesi, opponens quid in ea oppugnanda: perinde sicut olim dialecticae disputationes non fuere ζητητικαὶ τοῦ ἀληθοῦς, ceu loquebatur Aphrodisaeus Alexander. Eo sane animo soleo praesidium disputantibus commodare: eoque saepenumero patior proponi theses a sententiis meis alienas, tantum si sperem in corona illa scholastica per respondentem meum posse eas defendi. Inique profecto mecum comparatum esset, si omnia, quae in isthac arena aliquando sum tutatus praesidio meo, praesertim si me auctore non sint proposita (ut sunt pleraque), inter meas sententias velis numerare, egoque tenear illa serio adversus omnes omni tempore defendere. Si qua igitur defensione opus sit thesibus tuis, mi Benseni, illa profecto non a me expectanda est, sed abs te, qui earum es auctor. Nec tamen video qui vel tu possis isthuc jure adigi, si provocaris ad Respondentum privilegia, qui nequaquam tenentur theses suas rationibus approbare aut extra publici examinis actum super iis cum quopiam contendere."

Die Stelle ist sehr klar und in mancherlei Hinsicht bemerkenswerth. Zunächst betrachtet Conring die akademischen Disputationen als reine dialektische Uebungen, gar nicht darauf gerichtet, objektive Wahrheit zu ermitteln. Respondent und Opponent sollen nur zeigen, was sie in der Vertheidigung ihrer subjektiven Ansichten vermögen. Wie der Präses selbst über die quaestio disputanda denkt, ist nebensächlich. Er übernimmt das Präsidium als völlig unparteiischer Leiter der Disputation, der nur darauf achtet, dass die akademische Regel und Ordnung dabei gewahrt bleibe.

So neutral, wie es hier Conring betont, ist nun das Verhalten der Präsiden weder in Helmstedt noch sonstwo jemals gewesen. Und auch die einseitige Auffassung der akademischen Disputationen als blosser Disputierübungen ohne Rücksicht auf den objektiven Wahrheitgehalt der verhandelten These dürfen wir nicht als allzu streng gemeint annehmen. Denn dann wäre dem Sophismus und der Rabulisterei Thür und Thor geöffnet und der Ernst aus jenen akademischen Veranstaltungen gewichen. Dieser abusus disputandi war freilich schon vielfach eingerissen, hat aber sicher von einem Manne wie Conring keine Rechtfertigung erfahren sollen. Jedenfalls ist er der Meinung gewesen, dass die Disputationen ernsthaft verlaufen und mit einem Resultat abschliessen sollen. Was konnte dies aber anders sein als die Einigung der Streitenden über eine gefundene Wahrheit? Gleichgültig erschien es nur Conring, ob der Respondent oder der Opponent seine Meinung zum Siege führte. Der Präses konnte dann immer noch eine dritte Meinung für sich behalten.

Conring nähert sich mit dieser Anschauung Christian Thomasius, der 1693 in Halle selbst Fragen mit einem ego nescio oder videtur und non videtur zur Disputation stellte, für die er die Antwort erst aus der Debatte erfahren wollte.

Weshalb aber Conring gerade die formale Seite der Disputationen so betont, wird aus dem gegebenen besondern Anlass verständlich. Die Bensensche Abhandlung ist eine Vertheidigung seiner zwei Jahre zuvor unter Conrings Präsidium gehaltenen Disputation gegen eine in Leipzig unter dem Namen eines relegierten Helmstedter Studenten Figlau erschienene Gegenschrift, in der wider besseres Wissen Conring als Verfasser jener Disputation hingestellt wurde und die gröbsten Schmähungen gegen ihn und die Alma Julia ausgestossen wurden. Conring lehnt die Autorschaft der gedruckten Disputationen mit einer daraus folgenden Verbindlichkeit für den Inhalt rundweg ab. Die Vertheidigung ist eben Sache des Respondenten innerhalb der corona scholastica gewesen, und selbiger hat gar nicht nöthig, noch Jemandem ausserhalb derselben auf Grund der gedruckten These Rede und Antwort zu stehen, ja es kann gemäss den Privilegien der Respondenten nicht einmal verlangt werden, dass die gedruckten Thesen mit ausführlichen Begründungen versehen werden.

Dies die Conringsche Meinung. Zum Zwecke der vorläufigen Orientierung über das Disputationswesen durfte sie hier eine Stelle finden.

Wir gelangen nunmehr zur Eintheilung der akademischen Disputationen.

Kapitel 2.
Die verschiedenen Arten der akademischen Disputationen.

Um zu einer Kenntniss der verschiedenen Arten der akademischen Disputationen zu gelangen, ist ein zweifaches Studium nöthig: das der Universitätstatuten und das der Disputierschriften oder Dissertationen. Aus jenen lernen wir die von der Universität dargebotenen Disputiergelegenheiten kennen, aus diesen die Gründe, warum im Einzelfalle von jenen Gelegenheiten Gebrauch gemacht wurde. Beide Gesichtspunkte werden festzuhalten sein, wenn wir zu einer Eintheilung der Disputationen schreiten.

Inzwischen beginnen wir mit der Betrachtung der Wittenberger Statuten vom Jahre 1508.[1])

In der theologischen Fakultät waren viererlei Disputationen vorgeschrieben. Erstens musste jeder Professor einmal im Jahre öffentlich und feierlich disputieren (wohl des Vorbilds wegen) — „Quilibet Magister praeter examinatorium publice et solemniter in anno semel

---

1) Die Wittenberger Universitaets- und Fakultaets-Statuten vom Jahre MDVIII . . . herausg. im Auftrage des . . . Thueringisch-Saechsischen Ver. z. Erforschung des vaterl. Alterthums [von Dümmler und Muther]. Halle, Waisenhaus, 1867. 4.

disputet." Woher dazu die nötigen Respondenten kamen, ist nicht gesagt. Zweitens hatten alle Sonnabend mit Ausnahme der Ferien sämtliche Professoren der Reihe nach circulariter zu disputieren — „Circulariter autem disputent Magistri omnes secundum eorum ordinem singulis sextis feriis exceptis vacantiis generalibus, in quibus disputent Baccalaurei ab hora prima usque ad horam tertiam." Drittens: Disputationes examinatoriae sollen gehalten werden Sonnabends drei Stunden lang vor dem Frühstück. Es fallen hierunter wohl die Baccalaureatsprüfungen; es heisst z. B. „Sententiarius publice respondeat pro formatura." Endlich viertens die Disputationen pro licentia ebenfalls am Sonnabend, aber per integrum diem. (Desshalb steht auf den Dissertationen „horis ante-et pomeridianis".)

In der juristischen Fakultät ist bestimmt: erstens, jeder Professor soll einmal im Jahre solenniter disputieren — „Quilibet publice legens in anno solenniter repetat semel"; zweitens sollen sie der Reihe nach alle 14 Tage circulariter disputieren — „secundum eorum ordinem semper intra quindecim dies procurent aliquem scholasticorum terere circulum, cui praesideant." Wie hierbei verfahren wurde, bleibt zunächst dunkel.

Ueber die Probedisputationen findet sich keine Vorschrift. Ihr Vorhandensein folgt aber aus folgenden Festsetzungen: „Baccalaureandus tres circulos tereat, Licentiandus publice repetat, quod tamen ob scholasticorum utilitatem in lectiones commutari poterit, ita ut Baccalaureus post adeptum Baccalaureatum statim leget ad minus unum de tribus primis libris Constitutionum . . ., Licentiatus vero ante Licentiam unum mensem et postea duos publice legat aliquos titulos in Decretalibus seu in Codice aut Digestis."

In der medicinischen Fakultät sollen die Professoren wenigstens je viermal im Jahre disputieren, d. h. wie oben präsidieren, und entsprechend die Baccalaureanden und Licentianden viermal wenigstens respondieren. Beides gehört zusammen. „Quilibet ordinarie legens publice disputet in anno ad minus quater propter complere volentes, qui respondeant pro Baccalaureatu similiter et Licentia." „Tam Baccalaureandus quam Licentiandus publice respondeat quater ad minus. Quod tamen ob discipulorum commodum mutare poterit Senatus in lectiones publicas."

Da die Dialektik in der Artistenfakultät eigentlich zu Hause war, so ist es natürlich, dass in dieser die meisten Vorkehrungen für Disputierübungen getroffen waren. Zunächst sollte regelmässig Sonnabends disputiert werden an drei Stunden des Vormittags, wozu alle Lehrer der Reihe nach praesidendo und arguendo (= opponendo) verpflichtet waren. Dies waren die disputationes sabbathinae oder disputationes ordinariae Magistrorum. Am Sonntag um 12 Uhr disputierten sodann die Baccalaureen und zwar ebenfalls sowohl praesidendo wie arguendo. Dies waren die disputationes dominicae oder Baccalaureorum. (Ausserdem fanden tägliche Disputationen im Kollegium statt, disputationes quotidianae, quas serotinas dicunt, weil sie nach dem Essen gehalten wurden. Hier waren zu präsidieren verpflichtet an drei, später an vier Tagen die Magister, welche im Kollegium freie Wohnung hatten, an den übrigen Tagen die Baccalaureen. Im allgemeinen waren das Repetitionen der Kollegiaten aus den Vorlesungen. Sie können als solche hier ausser Betracht bleiben.) Die Respondenten wurden gestellt durch die Bestimmung, dass die Magistranden auch mindestens viermal ordinarie, d. h. also in den disputationes sabbathinae¹), die Baccalanreanden ausserdem noch mindestens viermal in den Sonntagdisputationen respondiert haben mussten.

Da ferner die Promovenden nachweisen mussten, dass sie mindestens je dreissig Sonnabend- und Sonntagdisputationen beigewohnt hatten, so scheint durch diese Bestimmung auch die Theilnahme am Opponieren gesichert gewesen zu sein.

Wir sehen so das Disputationswesen an der neuen Wittenberger Universität in der umfänglichsten Weise geordnet. Wenn nun trotz der Geldprämien, die den Theilnehmern ausserdem noch zugesichert waren, die Pflege der Disputationen hinter den Forderungen zurückblieb, so dass dieselben bei der Reorganisation von 1536 erheblich ermässigt wurden, so ist es nicht meine Aufgabe, die Gründe hierfür aufzudecken. Ich wollte nur an dem Beispiele einer Universität, für die doch jedenfalls keine vom Gebrauch der anderen Universitäten abweichenden Vorschriften getroffen waren, in ausführlicher Weise zeigen, wie und in welchem Umfange den Studierenden Gelegenheit geboten war, das in den Vorlesungen Gehörte durch praktische Uebungen, als welche wir die öffentlichen Disputationen ansehen müssen, zu befestigen und Beweise ihres wissenschaftlichen Fortschreitens abzulegen. Wir notieren uns aus den Wittenberger Statuten vorläufig die Bezeichnungen: Disputationes publicae, solemnes, circulares, ordinariae, extraordinariae.

Viel Aehnlichkeit mit den Wittenbergern haben die Tübinger Statuten des 15. und 16. Jahrhunderts. Auch sie unterscheiden Disputationes ordinariae und extraordinariae. Ebenso haben die Ingolstadter Statuten des 15. und 16. Jahrhunderts, desgleichen die Leipziger Statuten (von 1436/37, sowie die spätern) neben den Disputationes ordinariae die extraordinariae, auch die Prager nach Tomek, Geschichte der Prager Universität; ebenso die Heidelberger, sowohl die ältesten der Artistenfakultät, als auch die jüngeren von 1602.

Die Erfurter Statuten von 1634/36 unterscheiden die „Disputationes publicae" in „ordinariae et consuetae" und „extraordinariae et solennes", während die alten Strassburger Statuten von Disputatio-

---

1) Die ersten Statuten der Wittenb. Artistenfakultät vom J. 1504, mitgetheilt von Th. Muther in „Neue Mittheil. aus d. Gebiet histor.-antiqu. Forsch." Halle, Nordhausen. Bd. 13, 1874, fügen dazu noch „bis extraordinarie", woraus hervorgeht, dass die Sonnabend-Disputationen nicht die einzigen ausser den sonntägigen waren.

nes ordinariae et solennes im Gegensatz zu den non solennes und extraordinariae reden. Hierzu kommen dann noch in den Statuten des 16. und 17. Jahrhunderts die Disputationes privatae im Gegensatz zu den Disputationes publicae. Die ältesten Privilegien und Statuten der Ludoviciana, herausgegeben von H. Wasserschleben, Giessen 1881, enthalten z. B. unter der Rubrik „de officio Professorum" u. a. folgende Bestimmung:

„Quatuor diebus per hebdomadas singulas decebunt, diebus vero Mercurii, Saturni et Dominicis a lectionibus feriabuntur, interim tamen easdem disputationibus et declamationibus tam publicis quam privatis aliisque exercitiis utilibus consecrabunt."

Nach alledem unterscheide ich nun die akademischen Disputationen in:

I) Disputationes publicae;
II) Disputationes circulares;
III) Disputationes privatae.

Von diesen zerfallen die Disputationes publicae wieder in ordinariae und extraordinariae, beide mit dem Zusatz solemnes oder ohne denselben.

Was dieser Zusatz bedeutet, werden wir gleich sehen. Zunächst ist der Gegensatz der ordinariae und extraordinariae zu erläutern. Zu den Disputationes ordinariae waren die Universitätslehrer von Amts wegen verpflichtet. Sie waren statutenmässig in bestimmter Anzahl und zu gewissen Zeiten vorgeschrieben und finden sich in allen Fakultäten, besonders in der theologischen, noch mehr in der Artistenfakultät. Die Professoren und Magistri fungierten als Präsiden, der Dekan erliess dazu an den einzelnen, sobald ihn die Reihe traf, die Aufforderung. Die Respondenten wurden, wenn nicht freiwillige vorhanden waren, genommen aus der Zahl derjenigen, die einen Grad erstrebten („complere volentes"); denn es bestanden Vorschriften, dass jeder Promovend eine gewisse Anzahl von Disputationen respondendo absolviert haben musste, — oder auch aus der Menge der Stipendiaten.

Für das Thema probandum der ordentlichen Disputation sorgte der Präses. Er hatte es dem Respondenten rechtzeitig mitzutheilen, damit dieser sich vorbereiten konnte. Gewöhnlich war es den Vorlesungen entnommen. Der Präses wurde für seine Mühewaltung aus dem Aerar entschädigt, bisweilen auch der Respondent.[1]) Der Druck der Disputierschrift erfolgte von Amts wegen. In der philosophischen Fakultät waren die Sonnabend-Disputationen der Magistri und die Sonntag-Disputationen der Baccalarien Disputationes ordinariae. In jenen, den Disputationes sabbathinae, präsidierten die Magistri der Fakultät und

---

1) In Leipzig erhielt nach den Statuten der mediz. Fakultät von 1543 der Präses drei Goldgulden, der Respondent fünf Groschen. Die Druckkosten trug der Präses, ausser wenn der Respondent pro completione ad gradum disputierte.

respondierten die Baccalarien, die Magistri werden wollten; in diesen, den Disputationes Dominicales, präsidierten die Baccalarien und respondierten die Baccalarianden.

Die Disputationes extraordinariae hingen vom Belieben des Präses ab und konnten stattfinden zu jeder Zeit, wenn nicht lectiones ordinariae gehalten wurden. Die Initiative dazu mag zumeist von den Studierenden, die exercitii causa respondieren wollten, ausgegangen sein. Sie trugen auch die Kosten; aus der Universitätskasse wurde nichts dazu gezahlt.

Beide Arten der Disputationen konnten nun solemnes sein, d. h. unter Entfaltung des akademischen Pompes stattfinden. Für die Disputationes ordinariae der obern Fakultäten war es das gewöhnliche; bei den Disputationes extraordinariae betraf es hauptsächlich die Doktordisputationen.

Zu den Disputationes solemnes mussten sämmtliche Mitglieder der Fakultät erscheinen bei Vermeidung einer Geldstrafe. Sie traten im Habit an, überhaupt durfte kein Magister bei einer öffentlichen Disputation anders als in Amtstracht das Wort ergreifen. Das Auditorium war festlich geschmückt. Dekan und Pedelle, wenn nicht gar der Rektor selbst, repräsentierten die Autorität der akademischen Obrigkeit.

Bei den gewöhnlichen Disputationen, die exercitii causa stattfanden, also bei den meisten ausserordentlichen, ging es einfacher her. Die Anwesenheit der Fakultätsmitglieder war nicht obligatorisch[1]), der ganze akademische Pomp fehlte. An Zahl überwiegen die ausserordentlichen Disputationen. So werden z. B. im Heidelberger Statut von 1602 den Professoren der Theologie jährlich zwei Disputationes ordinariae, aus ihren praelectionibus zu halten, auferlegt; die andern „praeterordinariae, deren gemeiniglich mehr seint, werden sonst von den fürnembsten und nöthigsten materiis angestellet." Bezüglich der Juristen heisst es ebenda: „... und bleiben die extraordinariae disputationes, so exercitii causa an itzo auch vielmahl gehalten werden, in ihrem gewöhnlichen Brauch." Ferner: „... Dass es genugsam, wan neben den extraordinariis disputationibus alle 3 Wochen ein ordinaria gehalten ... werde."

Nur graduierte Personen konnten präsidieren. Im allgemeinen respondierten die Promovenden, abgesehen von den Sonntag-Disputationen der Baccalarien, wo sie ordinarie präsidierten. Jedoch war den Magistranden auch auferlegt, sich extraordinarie als Präsiden zu üben. Die Artistenfakultät in Tübingen hatte die Bestimmung: „Statuit facultas, quod quilibet complens ad gradum magisterii astrictus sit ad minus bis extraordinarie presidere tempore quo alias non habentur ordinarie lectiones." Und von der Prager philosophischen Fakultät berichtet Tomek: „Einige Disputationen waren in den Statuten der Fakultät

---

1) „Ceteri theologiae Magistri interesse non tenentur." Tübingen, theol. Fak. von 1480 und 1496.

selbst angeordnet; sie teilten sich in ordentliche und ausserordentliche. Erstere wurden regelmässig alle Samstage gehalten, wobei einer von den jeweiligen magistri regentes, wie ihn nach der Altersreihe die Ordnung traf, den Vorsitz führte (praesidebat) und die zu behandelnden Sätze (Sofismen und Quästionen) bestimmte. Ausserordentliche Disputationen hiessen diejenigen, zu deren Abhaltung die jeweiligen neu kreirten Magister gleich nach überstandener Prüfung verbunden waren. Sie wurden jeden Dienstag und Donnerstag gehalten, bis die Reihe der neuen Magister, wovon je einer den Vorsitz führte, achtmal umlief." Die Professoren der philosophischen Fakultät, waren natürlich nicht an die Sonnabend-Disputationen gebunden; sie disputierten extraordinarie an beliebigen Wochentagen, „diebus quibuscunque" sagen die Erfurter Statuten.

Zum Schluss will ich noch den Strassburger Gebrauch der Disputationen zu besserem Verständniss des ganzen Disputationswesens ausführlich angeben. Die Quelle bilden die „Statuta Academiae Argentinensis das ist Gesetze und Ordnungen der alten Universität Strassburg um die Mitte des 17. Jahrhunderts" (1634?), herausg. von Julius Rathgeber. Karlsruhe 1876. Aus dem „Tit. IX. Ordnung der professorum insgemein" unterscheidet man zunächst die Disputationes publicae und privatae, erstere wieder in solennes und non solennes oder auch in ordinariae und extraordinariae, und zwar so, dass die ordinariae zugleich solennes sind, die extraordinariae aber sowohl solennes (z. B. alle Inauguraldisputationen), als auch non solennes sein können. Zu den ordentlichen Disputationen sind die Professoren verpflichtet, bei den ausserordentlichen geht die Initiative von den Studierenden aus. Doch ich lasse am besten die Statuten selbst reden. „. . . . . . Zum 9. sie sollen sich dahin befleissigen, dass ein Jeder (sc. Professor) des Jahres zwo Disputationes ordinarias et solennes, welche er selbst elaborirt, halte, zu welchen wie auch zu denjenigen da die Respondenten die Theses geschrieben und solenniter zu disputiren erlaubnis bekommen (welches nach rühmlicher beschaffenheit des respondenten und der Thesium wohl zu gestatten) alle professores invitirt, undt solche disputationes in communi Auditorio gehalten werden sollen, wer je zum ersten fertig ist, der hatt sich bei dem Herrn Rectore desswegen ahnzumelden, undt bestimmung eines gewissen tages zu begehren. Zu andern disputationibus non solennibus sollen sie nicht weniger den Studiosis willfährig sein, undt ihnen darzu ahnweisung undt unterricht geben, derselben aber regulariter in auditoriis Facultatum halten. Die disputationes pro gradu sollen alle solenniter gehalten undt von dem pedellen mit dem scepter dabey aufgewartet werden. Beneben andern verrichtungen auch den honoratis personis gepührenden locum zu assigniren.

Es sollen aber die Disputationes solennes alle, vormittag gehalten werden, undt im Sommer zu Siben, im Winter aber umb acht uhren ahngehen, undt sollen zu zehen uhren die Herren professores von dem praeside, undt in inauguralibus [bei denen nemlich kein Präses fungierte] von dem Decano compellirt, zu eilff uhren aber der gantze Actus disputationis geendet werden. Die non solennes mögen nit allein vor Mittag zu besagten Stunden, sondern auch nach Mittag von ein uhren bis zu 4 oder fünffen nach gelegenheit der Jahrzeit gehalten werden, welche dann publicae sein sollen undt solches auff den Thesibus ausstruckenlich gemeldet ist, die sollen allen undt jeden professionibus publicis ausgetheilt werden: welche aber privatae sindt, undt doch insonderheit getruckt werden, da soll der Respondens mehr nicht als dem Rectori undt den professoribus seiner Facultet Exemplaria zu geben schuldig sein: Orationes und Declamationes, sollen alle pro solennibus geachtet undt von allen undt jeden professoribus besucht werden."

Die folgenden Titel X bis XVIII enthalten sodann die Ordnungen der einzelnen Fakultäten, worin die vorigen allgemeinen Bestimmungen im Einzelnen noch ergänzt werden. Die theologische und die juristische Fakultät hatten je vier ordentliche Professoren, die medizinische nur zwei, die philosophische sechs ordentliche und drei ausserordentliche. Von dieser Besetzung hangt die Menge der Disputiergelegenheiten ab. Es würden demnach vierteljährlich in den beiden obern Fakultäten je zwei, in der medizinischen nur eine, in der philosophischen drei Disputationes ordinariae et solennes stattgefunden haben.

Von den Theologen wird gesagt, dass sie ihre Studiosi „beyde opponentes et respondentes nit allein ad modum disputandi Logicum et Sillogisticum, sondern auch und vornemlich dahin anhalten, dass sie gute Textuales seyen, undt alle Solutiones et distinctiones aus Gottes hellem klarem wortt erweisen und darthun". Kein Professor der Theologie darf seine Thesen in Druck geben, ohne sie vorher der Zensur seiner Kollegen unterbreitet zu haben. Ausserdem sollen sie ihre Auditores und Discipulos mit privatis Exercitiis üben, und zwar jede Woche in einem öffentlichen Auditorium über kurze Thesen (betreffend die locos communes der Augsburgischen Konfession oder andere controversias Religionis), „damit die publicae disputationes desto stattlicher und lehrhafter gehalten werden".

In der Juristenfakultät wird nur dem vierten Professor, der die Institutionen las, auferlegt neben den ordentlichen Disputationen „Disputationes privatas undt Extraordinarias wochentlich zu halten, dadurch sonderlich den angehenden Studiosis zu hilff zu kommen".

Bei den Medizinern beschränken sich die Privatdisputationen auf eine monatliche, die der „Theoricus" zu halten hatte über „die locos communes Medicos der ordnung nach, oder was je den Studiosis ahm nutzlichsten zu sein erachtet würdt".

Endlich „sollen die professores philosophiae mit allem ernst daran sein, dass neben den solennibus et publicis Disputationibus und Declamationibus die Disputationes privatae, ex omnibus partibus philosophiae fleissig mit den Studiosis gehalten und das praesidium durch

diejenigen geleistet werde, welchen jederzeit die Facultas philosophiae
hiezu nutzlich undt tauglich zu sein erkennen wirdt..."
Soviel über die Strassburger Disputationen.
Soviel überhaupt von den seitens der Universitäten dargebotenen
Disputiergelegenheiten.

Kapitel 3.
Die öffentlichen Disputationen (Disputationes publicae).

Ich lasse jetzt die Unterscheidung in ordentliche und ausserordentliche Disputationen bei Seite und betrachte die öffentlichen akademischen Disputationen vom Standpunkte des privaten Interesses der
Studierenden, die aus irgend welchen Gründen nötig hatten, Specimina
eruditionis abzulegen. Ein solches musste doch in der Regel vorhanden sein, wenn von den offiziell dargebotenen Disputiergelegenheiten
in erheblicher Weise Gebrauch gemacht werden sollte. Die Grundlage für diese Betrachtungsweise bilden die Disputierschriften oder
Dissertationen, deren ich etwa 12 000 aus dem 16., 17. und 18. Jahrhundert und zwar von einigen zwanzig deutschen Universitäten durchgesehen habe.

Ich bin dabei zu einer Einteilung der Disputationes publicae
gelangt, die vielleicht noch erschöpfender wäre, wenn ich mit reicherem
Material hätte arbeiten können; auf etwaige Zuthaten von anderer
Seite bin ich also gefasst.

So gebe ich, was ich habe, und beginne mit der Besprechung
der wichtigsten Art der akademischen Disputationen, nämlich der

a) Disputationes pro gradu.

Bekanntlich hat es von Alters her drei akademische Grade
gegeben, den Baccalaureat, die Licentiatur und den Doktorat oder das
Magisterium. Von diesen ist der erste auf den deutschen Universitäten
der Jetztzeit erstorben, während ihn ausländische Universitäten noch
verleihen; den zweiten führt nur noch die theologische Fakultät; der
dritte beschränkt sich auf den Doktorat, seitdem die philosophische
Fakultät die Ebenbürtigkeit mit den drei obern gewonnen hat. Der
Ursprung dieser Grade ist dunkel, doch weist er auf Frankreich hin
und auf das 12. spätestens 13. Jahrhundert. Die berühmte Authentica
Habita Kaiser Friedrichs von 1158 weiss allerdings noch nichts davon;
indessen sind H. Conrings Forschungen darüber in seinen Antiquitates
academicae als gültig hinzunehmen. Die Bemerkung des Marc. Zuerius
Boxhornius in seiner Historia universalis (Lugd. Bat. 1652. 4), dass
ums Jahr 1378 die akademischen Ehrentitel in Gebrauch gekommen,
irrt jedenfalls um 100 Jahre.[1]) Verschiedene Schriftsteller (z. B.

---
1) S. 882: „Porro... in frequentissimo et continuo usu nunc esse coepere
diversi illi tituli Baccalaureorum, Magistrorum, Doctorum, Poetarum Laurea-

Schneider-Starcke Diss. de promotionibus per saltum. Halae 1706; Mathias Grosins in der Vorrede zur Promotionsschrift des Andr. Seifard, Wittenberg 1607) wollen sogar an die Papinianisten, λύται und προλύται Justinians anknüpfen, doch sind das müssige Spekulationen, die hier nur der Kuriosität wegen erwähnt sein mögen.

Der Titel Baccalaureus oder besser Baccalarius, da er mit dem Lorbeer sicher nichts zu thun hat,[1]) ist Gegenstand häufiger etymologischer Untersuchungen gewesen. Die Herleitung aus dem Altfranzösischen und zwar vom Worte bachelier = bas chevalier, wird allgemein anerkannt. Die von Ludw. Vives[2]) herrührende Schreibweise Batallarius (vom Worte bataille) hat sich nie recht eingebürgert.

Statt der Bezeichnung Baccalaureus galt im 17. Jahrhundert auf den sächsisch-thüringischen Universitäten ganz allgemein auch die des Candidatus. Noch heute belieben sich unsere Studenten in höhern Semestern den Kandidatentitel beizulegen. Man kann ihnen das gönnen; aber woher rührt die Sitte? Candidatus hiess bekanntlich bei den Römern jeder, der sich um ein Amt bewarb. Inwiefern trifft dies bei den Studierenden zu?

Nun — der Titel cand. jur. z. B. ist ursprünglich eine Abkürzung des candidatus summorum juris utriusque honorum und will besagen, dass der Betreffende, nachdem er seinen Namen bei der Fakultät angegeben und die erste Prüfnng, das scrutinium oder tentamen, tentamen initiationis, abgelegt hat, in die Liste derer aufgenommen worden ist, die sich um die weitern Grade des Licentiaten und Doktor bewerben. Kandidat ist also, gleichbedeutend mit Baccalarius, ein rein akademischer Titel, den zu führen nur die berechtigt waren, die ihre Studien durch eine Vorprüfung abgeschlossen hatten. In der Vita des Promovenden Coriarius z. B., Jena 1668, gebraucht der Dekan ausdrücklich die Bezeichnung Supremorum juris honorum candidatus, und in der Dissertation von Schneider-Starcke de promotionibus per saltum, Halae 1706, wird Kandidat und Baccalarius für synonym erklärt: "... hic est ordo, ut primum Candidatorum seu Batallariorum, post Licentiatorum, denique Doctorum gradu honorentur".

torum et si qui sunt ejusmodi alii pro nninscujusque profectu et diverso studiorum genere auctoritate publica tributi, quemadmodum et hodie tribuuntur. Hujus enim moris passim jam recepti origo ad haec quasi tempora (nämlich um 1376) referenda est." Dagegen Conring (De antiquitatibus acad. Diss. IV. Heumannsche Ausgabe v. 1739 S. 137): "Quicquid sit, extra dubium est, saeculo Christiano tertio decimo apud Theologos, Jurisconsultos, Medicos, Philosophos honorum titulorumque collationem nostram usu receptam esse."

1) Die Marburger Statuten von 1653 acceptieren allerdings die Ableitung von bacca und laurus.
2) De Disciplinis Libri XX. Lugduni 1551. 8. Lib. I. p. 59: "... batalarius.... vocabulo vetere lingua gallica usurpato in tyrocinia militiae de iis qui jam proelis interfuissent...."

Der Baccalarius-Titel wurde im ersten oder zweiten Jahre des akademischen Studiums erworben. Wenn auch, wie die Wittenberger und andere Statuten bezeugen, vorher verschiedentlich disputiert worden sein musste, so ist doch eine eigentliche Inauguraldissertation für diesen Zweck nicht obligatorisch gewesen. Die Baccalarianden hatten ein Examen vor der Fakultät zu bestehen, in dem sie sich über ihre Studienfortschritte ausweisen mussten. „Examine studiorum et profectuum rite peracto", heisst es z. B. von den Baccalarien der Philosophie in einem Leipziger Programm von 1711, wurde ihnen in feierlicher öffentlicher Versammlung, „prima quam vocant laurea, hoc est Baccalaureatus jura atque privilegia" übertragen.

In Leipzig hat sich der Baccalarius bis in dieses Jahrhundert erhalten. Im übrigen ist er auf den meisten Universitäten schon Ende des 17. Jahrhunderts ausser Gebrauch gekommen, bezw. in den Titel Kandidat aufgegangen. In Petri Mulleri Tractatio de gradu doctoris, Jenae 1687, heisst es: „Baccalaureatus primo alteroque anno conferebatur iis qui tyrocinia deposuerunt et vel abbreviaturas legere norunt. Hic gradus in plerisque Academiis ab usu recessit....." Wenn aber Schelling in seiner Rektoratsrede „Zur Geschichte der akademischen Grade", Erlangen 1880, sagt: „Allmählich hörte das Bachalariat, wenigstens an den meisten Universitäten (eine Ausnahme besteht z. B. an der theologischen Fakultät zu Jena) überhaupt auf, eine Vorstufe für die Erwerbung des Doktorgrades zu sein", so dürfte daran zu erinnern sein, dass ganz allgemein noch im vorigen Jahrhundert, und ich weiss nicht, wie weit noch in dieses Jahrhundert hinein, zwei Prüfungen der Promotion vorausgingen, nämlich erst das sogenannte Tentamen, danach das Rigorosum. Im Tentamen hat sich unzweifelhaft die alte Baccalaureatsprüfung erhalten, so dass hiermit die überkommene Vorschrift, dass Niemand den höhern akademischen Grad erwerben konnte, ohne durch den niedern hindurch gegangen zu sein, gewahrt blieb. Die Leipziger medizinischen Dissertationen dieses Jahrhunderts lassen das deutlich erkennen. Im übrigen ist, wie bekannt, die medizinische Fakultät heute noch die einzige, die an einem Tentamen festhält. —

Wie schon erwähnt, sind eigentliche Disputationen pro baccalaureatu nicht erforderlich gewesen. Ueberliefert sind freilich manche specimina academica, die, wie u. a. aus den angehängten Glückwünschen zu errathen ist, der Erwerbung dieses Grades vorausgingen, ja es kommen sogar vereinzelt welche vor, die auf dem Titelblatt ausdrücklich den Vermerk „pro laurea prima" tragen. Anders aber steht es mit der Licentiatur und dem Doktorat.

Der Titel Licentiat gilt in doppeltem Sinne. Lassen wir Petrus Mullerus in seinem vorerwähnten Tractatus de gradu doctoris darüber reden! „Licentiati dicuntur, quod eis liceat, quandocunque velint, summam doctoris dignitatem petere et consequi. Eos Buddeus Μελλοδιδασκάλους vocat, Pontanus Doctores designatos.... Sunt autem in duplici differentia; vel enim examinati tantum sunt et publice pro gradu disputarunt, qui καταχρηστικότερον Licentiati, rectius Doctorandi vel Candidati audiunt: vel praeter ista, quae dixi, simul publico promotionis actu Licentiati renunciati sunt, non multum differente ab eo, quo doctores creantur, nisi quod ibi pilei seu bireti impositio non adhibetur nullumque prandium Promotoribus solvitur, et ob id eos Tubingae nüchterne Doctores dici notat Besold. in Thes. practic. verb. Doctor.[1]) atque hi quoque Assessores Camerae fieri possunt."

Das will also besagen, dass der Licentiat erstens eine Durchgangsbezeichnung war für die Anwartschaft auf den mit Examen und Inauguraldisputation erstrebten Doktorgrad, zweitens ein dauernder, selbständiger, um seiner selbst willen erworbener Titel.

In jedem Falle waren dazu ausser der ersten Fakultätsprüfung das Rigorosum, hie und da auch lectiones cursoriae, und als Schlussstein die Disputatio inauguralis pro Licentia erforderlich. Wenigstens galten diese Vorschriften für die drei obern Fakultäten. Die Inauguralschrift ist als solche in den allermeisten Fällen am Titelblatt kenntlich: das „inauguralis" oder „pro licentia" oder „pro gradu" bezeichnet den Charakter. Weit häufiger als pro gradu findet sich pro licentia, was dem Geiste des ganzen Promotionsverfahrens auch besser entspricht. Der Doktorgrad selbst wurde, wenigstens bei den Theologen und Juristen, meist erst in Jahr und Tag nach gehaltener Disputation unter feierlicher Entfaltung des akademischen Ceremoniells angenommen. Eine nochmalige öffentliche Disputation unter Zugrundelegung einer Inauguralschrift brauchte nicht stattzufinden. Höchstens hatte der Doctor novellus nach geschehener Promotion noch auf eine vorgelegte Quaestio in längerer Rede zu respondieren.

Mit den Magisterdisputationen und -promotionen der philosophischen Fakultät scheint es bis zum 18. Jahrhundert hin, wenigstens auf den sächsisch-thüringischen Universitäten, eine eigene, etwas abweichende Bewandtniss gehabt zu haben. Ich habe hier aus den vorhergehenden Jahrhunderten keine Disputierschrift gefunden, die auf dem Titelblatt etwa ein pro gradu magisterii oder pro licentia summos in philosophia honores rite consequendi u. dgl. trug. Vielleicht hängt dies damit zusammen, dass die Magistranden verpflichtet waren, schon vorher mehrmals als Präsiden extraordinarie zu disputiren. (Vgl. die Stelle aus den Tübinger Statuten S. 10.) Im Uebrigen lassen Einen die Universitätstatuten rücksichtlich dieses Punktes im Dunkeln. Aus der Prüfung der mir irgendwie auffällig erschienenen philosophischen Disputierschriften glaube ich für das 17. Jahrh. und für die sächsischthüringischen Universitäten folgenden Gebrauch feststellen zu können. Es fanden z. B. in Wittenberg, Jena, Leipzig in jedem Semester einmal, an entweder statutenmässig feststehenden oder jedesmal vorher

---

1) Christoph. Besoldus Tubingensis [† 1638] schrieb u. a. einen Thesaurus practicus, eine Art Conversationslexikon.

bestimmten Terminen Magisterprüfungen und -promotionen statt. Die öffentliche feierliche Renuntiation geschah summarisch. Eigentliche Inauguraldisputationen scheinen vorher nicht gehalten worden oder wenigstens nicht obligatorisch gewesen zu sein.[1]) Das Bestehen des Rigorosums berechtigte bereits zur Führung des Magistertitels. Mancher neugebackene Magister hat nun gleichwohl nachher noch öffentlich disputiert und zwar zumeist als Präses, seltener als Respondens, gleichsam um den Besitz der neuen Würde feierlich zu inaugurieren und durch eine eigene Disputationschrift zu beurkunden. Wir begegnen daher einer Menge von Disputationen, bei denen der Präses mit dem vorgesetzten M. die Hauptperson ist: er stellt die Disputation an, er ist der Verfasser der Schrift, ihm gelten die angehängten Glückwünsche.

Der Fall ist besonders häufig in Leipzig gewesen. So liegt z. B. von M. Christianus Thomasius aus 1672 eine Disputatio politica vor de duplici majestatis subjecto (Respondente Henrico Hoffero), die der Verfasser-Präses selbst in der Widmung „Studiorum Academicorum has primitias" nennt.

In der Vorrede ferner zur Dissertatio de baccalaureo des Präses M. Christian Schultze (Resp. Joh. David Güttner), Leipzig 1678, ist zu lesen: „ . . . nemini [sc. Magistro] abs hac discedere Universitate licere, priusquam Disputationem, quae habilitatio dicitur, habuisset, adeo ut hac neglecta poenae loco Loci sit amissio." Daraus folgt, dass die ertheilte Magisterwürde noch vor Weggang von der Universität durch eine öffentliche Disputation bethätigt werden musste, wenn der betr. Magister sich das Recht wahren wollte, einmal einen Sitz in der Fakultät zu erlangen.

Am 20. Febr. 1721 werden in Leipzig 34 Magistri philosophiae et bonarum artium kreiert. In dem betreffenden akademischen Programm heisst es nur; „postquam nimirum examine rite instituto industriam suam et doctrinam Facultati nostrae satis probarunt —"; von öffentlichen Disputationen ist keine Rede.

Ein paar Jahre später ladet der Prokanzler Dondorff durch ein Programm zur Promotion von sieben Juris utriusque Licentiandorum ein. Unter diesen befindet sich ein Magister Adrian Steger, von dem die vita erzählt: „ . . . dignitas Magisterii, qua Ac. 1725. ornatus disputatione solenni de Domitio Ulpiano dignitatem hanc illustra-

---

[1]) Marburg und Giessen schreiben sie allerdings in ihren Statuten vor. Auch aus Altdorf sind Disputationen pro gradu magisterii nicht selten. Dagegen verlangen die Erfurter Statuten von 1634 nur, dass der Kandidat zwei Reden und ebenso viele Disputationen respondendo gehalten haben muss; von einer Inauguraldisputation ist keine Rede. Das sächsische Verfahren der nachträglichen Magisterdisputationen stammt jedenfalls von Prag her. Vgl. das Zitat aus Tomeks Geschichte der Prager Universität auf S. 10—11.
Auch die Strassburger Statuten verlangen vom Magistranden keine Inauguraldisputation, wohl aber musste er nachweisen, dass er mindestens viermal schon disputiert habe.

vit." Sehen wir die erwähnte Disputation nach, so finden wir auf dem Titel: „Domitium Ulpianum I(`tum Incluti Philosophorum ordinis consensu die XIV. Julii 1725 publicae disquisitioni exhibent Praeses M. Adrianus Stegerus Lipsiensis Jurium candidatus et Respondens Carol. Fried. Heinzius ... Lipsiae" — den Disputanten als Präses mit dem M.-Titel.

Aus Jena liegen ähnliche Beispiele vor. Nur ein Beispiel sei noch aus Wittenberg gegeben für den Fall, wo der Magister novellus seine Magisterdisputation post eventum als Respondens hält. Die Disputation lautet: „Moderatore supremo fortunante! De juramento imperantis edisseret in publico Praeside Dn. M. Simone Friderico Frenzelio ... M. Johannes Röberus ... 1667. Wittebergae." Wie aus den zahlreichen Glückwünschen der Professoren hervorgeht, handelt es sich um die Magisterpromotion des Röber.

Wenn also, wie aus den angeführten Beispielen erhellt, die Magisterdisputationen, soweit solche wirklich gehalten wurden, hier und da post eventum stattfanden, so ist die geringe Anzahl eigentlicher philosophischer Promotionschriften neben den zahlreichen juristischen und andern nicht weiter verwunderlich.

Aber noch auf andere Weise ist das Missverhältnis der Zahl der philosophischen Disputationen besonders zu der der juristischen, die alle andern weit überwiegen, zu erklären. Zunächst leuchtet ein, dass gerade die Rechtsbeflissenen im Hinblick auf ihre spätere Praxis mehr als alle anderen Studierenden Ursache hatten, die akademischen Disputierübungen zu pflegen. Dazu kommt folgender Umstand. Als sich im 15. Jahrhundert der Sieg des römischen Rechts über das deutsche entschied und der gelehrte Richter an die Stelle des Schöffenrichters zu treten begann, vollzog sich auch die Bildung eines aus Juristen bestehenden Beamtenstandes. Ruhte vordem alle gelehrte Bildung bei der Geistlichkeit und waren die geistlichen Weihen die Vorbedingung zur Erlangung einflussreicher und lohnender Aemter und Würden, so änderte sich das, sobald in der Rechtsprechung wie in der Verwaltung von Staaten und Städten, von Fürsten und bürgerlichen Obrigkeiten Richter und Räte verlangt wurden, die mit der Praxis des römischen Rechtes Bescheid wussten. So bot das juristische Studium Aussicht auf eine glänzende Laufbahn. Und da mit der juristischen Doktorwürde der Adelsrang verbunden war, so kann es nicht wunderbar erscheinen, wenn aus den Reihen der Besitzenden grosser Zulauf stattfand. Selbst der Adel fing an es nicht zu verschmähen, in der Juristenfakultät zu studieren und Fakultätsexamina abzulegen.

Kostspielig war das fünf- und mehrjährige juristische Studium auf in- und ausländischen Universitäten, aber die Aussicht, für den Studienaufwand später entschädigt zu werden, tröstete. Nur talentvolle arme Stipendiaten konnten daneben in die Karriere hineingelangen, die Reichthum und hohe Geburt von vornherein mit Beschlag belegt hatten.

So kam es, dass der Juristenstand der vornehmere Stand wurde, der er bis heute als der Verwalter der Hoheitrechte des Staates geblieben ist. Nun war aber das öffentliche Disputieren mit ziemlichen Unkosten verknüpft, insonderheit verlangte der Druck der Disputationen ziemliche Expensen. Kein Wunder daher, dass aus allen diesen Gründen von den juristischen Studierenden die überwiegende Mehrzahl der akademischen Disputationen geliefert worden ist.

Der höchste Grad in der Artistenfakultät war der des Magisters der (sieben) freien Künste. Von der Zeit an aber, wo sich die Artistenfakultät als philosophische Fakultät zum Range der übrigen Fakultäten erhob, d. h. also vom Anfange des 18. Jahrhunderts her, als die junge Universität Halle die Führung behauptete, kam statt dessen der philosophische Doktortitel allgemein in Gebrauch.[1]) Dieser wurde seitdem legaliter unter den gleichen Bedingungen verliehen wie die übrigen Doktortitel. Um 1725 schreibt Polycarp Leyser als Dekan der philosophischen Fakultät in Helmstedt an M. Bütemeister, der sich daselbst habilitiert, folgendes:

„Die Academia Julia hat den Vorzug, dass sie zu Doktoren der Philosophie, welche wir mit einem von Schulleuten einst Ehren halber angenommenen Worte Magister zu nennen pflegen, nur bei hervorragender Bildung ernennt oder zum Lehramte zulässt. Während allenthalben die Bewerber um den philosophischen Lorbeer entweder gänzlich das Examen fliehen und abwesend zu Gelehrten gestempelt werden oder in den Prüfungen einen so geringen Bildungsgrad bekunden, dass es kaum für einen Trivialschüler genügen würde, macht unsre Julia solche Kandidaten nicht zu den ihrigen. . . . Denn Keinem wird das obere Katheder zugestanden, der nicht wiederholt auf dem untern sich bewährt hat. Deshalb werden am Vor- und Nachmittag die Inauguraldisputationen gehalten, worauf erst die Inauguration und Renunciation selbst folgt. So wird denn nicht leicht ein Unwissender oder nur oberflächlich Gebildeter unsern Parnass erobern. . . ."

Hiernach ist zur Zeit auch für die philosophische Magister- oder Doktorpromotion die Inauguraldisputation „per integrum diem" verlangt worden. Auf die faulen Promotionen werde ich noch weiter unten zu sprechen kommen, wenn vom abusus disputandi zu handeln ist. Zahlreiche Klagen sind schon vor Jahrhunderten darüber geführt worden; leider erfährt man von den betreffenden Schriftstellern niemals, welche Universitäten im Einzelnen die akademischen Grade verschachert haben.

Soviel an dieser Stelle über die Disputationen pro gradu.

b) Abgangdisputationen in Verbindung mit Fakultätprüfungen.

Es kommen hier hauptsächlich juristische Disputationen in Betracht. Bis Ende des 17. Jahrhunderts genügte in Sachsen der Nachweis juri-

---
1) Vgl. Kap. 11.

stischer Studien für die Zulassung zur niedern juristischen Praxis als Notar oder Advokat. Dieser Nachweis wurde geführt entweder durch gehaltene Disputationen, die als specimina eruditionis gedruckt vorgelegt wurden, oder durch die Zeugnisse derjenigen Lehrer, bei welchen die Applikanten juristische Kollegien frequentiert hatten. Es brauchten jene Disputationen aber durchaus keine Inauguralschriften zu sein, zumal den Doctores juris ganz andere Karrieren offenstanden, als dass sie nöthig gehabt hätten, in jene niedern Aemter einzutreten. Wenigstens wurde das Notariat vielfach als officium vile betrachtet, dem sich Adliche nicht unterzogen (vgl. J. Brinckmann, de notariis et eorum officio. Diss. Altorf 1715.), und den Adlichen standen die juristischen Doktoren bekanntlich im Range gleich. Selbstverständlich aber waren diese ohne weiteres zur Ausübung jener Aemter befugt. Jene Disputationen verloren indess als Qualifikationsatteste allmählich unter dem eingerissenen Missbrauch des Disputierens an Glaubwürdigkeit, sogar den Inauguraldisputationen pro gradu wurde, wie wir hernach an einem eklatanten Fall sehen werden, nicht recht mehr getraut. Ebenso hielt man mit Recht die Zeugnisse der Professoren und Doktoren über fleissigen Kollegienbesuch für unzulänglich. Engelbrecht-Kaestner, Diss. jur. inaug. de advocato Electorali Saxonico, Helmstadii 1717, schreibt darüber: „Quia autem etiam haec legitimationis species Serenissimo Sax. dubia & periculosa visa fuit, partim quia, quod ad disputationem pertinet, ex ista sine novo examine, quomodo respondens sese exhibuerit, vix ac ne vix quidem judicari potest, cum saepe respondentes ex Tacito responsionem suam desumere soleant, & de tota disputatione, nil nisi quod nomen illorum ipsi disputationi impressum, participent, ut ita omnino de producentis Disputationem Academicam eruditione sine aliis adminiculis fiducia certa vix haberi atque propter solam hujus perhibitionem aliquis in foro ad causas orandas admitti possit. . . ."

Demnach bestimmte ein kurfürstliches Mandat von 1691, „dass ausser denen graduirten Personen hinfüro keiner weiter ad praxin zugelassen werden solle, . . . daferne er nicht zuförderst von einer Juristen-Fakultät unserer Lande sich collegialiter examiniren, seiner Geschicklichkeit wegen ein beglaubt Zeugniss erlangen und solches bey unserer Lands-Regierung . . . produciren, auch so dann sich . . . vereyden lassen u. s. w."

Hiermit war das sogenannte Examen pro praxi für die Juristen eingeführt. Später (um 1720) wurde noch ein zweites Examen bei der Landesregierung gefordert, das sogenannte specimen practicum (vgl. Joh. Geo. Koch, Diss. de advocatis . . . Erfordiae 1727). In der Vita eines gewissen Joachim, der 1726 in Erfurt zum Dr. jur. promovirt wurde, wird z. B. gesagt: „ . . . praevio examini pro praxi a Facultate Wittebergensi ad orandas in foro causas admissus eodemque anno a Summo Regimine Princ. Sax. praevio elaborato specimine & praestito juramento in numero Advocatorum receptus fuit." Und von Kirsten, der 1731 in Leipzig pro gradu disputirte, heisst es: „Antequam ex

Academia nostra discederet, examen subiit in eoque ita stetit, ut ab ordine nostro testimonium profectuum & Notarii publici etiam jura & privilegia facile impetraret."

Wurden nun auch nach dem Dippoldiswalder Mandat vom 1691 die akademischen Disputationen als Zeugnisse hinreichender juristischer Vorbildung allein nicht mehr anerkannt, so mochten sie immerhin noch zur Empfehlung dienen, und die alte Sitte erhielt sich gleichsam gesetzmässig bis ins 18. Jahrhundert hinein. Von einem Doktoranden Otto, Erfurt 1728, sagt die Vita: „Quia vero legibus Saxonicis inter alia invenitur constitutum, quod nemo nisi praevio examine et disputatione [!] vices Advocati subire queat, Wittebergam adiit, sub praesidio ... Kemmerichii de rusticis illorumque operis disputavit examinique Facultati jur. se submisit ..."

Wann den Doktoren das Recht genommen wurde, ohne weitere Prüfung ad hoc zu praktiziren, habe ich nicht weiter untersucht. Im 17. Jahrhundert hat man sich dazu noch nicht entschliessen können, obwohl faule Doktoren in allen Fakultäten nicht eben selten waren.

Das erwähnte kurfürstliche Edikt von 1691 erkennt die graduierten Juristen noch ohne weiteres als Sachwalter an. Aber nicht sehr lange zuvor erörtert bereits der Prokanzler Jacob Bornius in einem Leipziger Programm v. 20. Okt. 1678 das Für und Wider der Frage, ob eine Fakultät für den Schaden, den ein von ihr zu Unrecht, d. h. wider Verdienst und Würdigkeit kreierter Dr. jur. als Advokat seinem Klienten in Folge seiner Unfähigkeit verursacht hat, haftbar gemacht werden könne. Die Veranlassung zu diesem Programm bot ein Aufsehen erregender Process, den ein Advokat, „Dr. utriusque juris, publice promotus, sed homo rudis, indoctus et sesqui-barbarus" in einer ganz unzweifelhaften Sache vor Gericht verloren hatte.

Zur Bestätigung des Gesagten führe ich zum Schluss noch eine Stelle an aus der Zuschrift des Präses Ludovici an den Respondenten Hammer, der in Halle 1704 de natura et interpretatione sponsionum disputirte. Nachdem er den eingerissenen Abusus disputandi geschildert, fährt Ludovici fort: „hinc mirum non est, quod speciminibus, ut vocantur, publicis ab Academiis remotis non semper fides habeatur, sed in Saxonia aliisque locis ille, qui in Advocatorum numerum recipi vult, se praeterea adhuc examini Judicis submittere teneatur." Indem er aber weiterhin den Studienfleiss seines Respondenten rühmt, schliesst er: „Verae itaque eruditionis specimen vocari poterit, quod nunc circa abitum tuum ex hac Fridericiana edis, & quamvis propter abusum disputationum ... non omnes te propterea pro erudito haberent, quod disputaveris, iisdem tamen & aliis occasionibus satisfacere facillime poteris."

c) **Stipendiaten-Disputationen und solche, die jussu parentum etc. gehalten wurden (Specimina eruditionis).**

Ehedem wie heute bestand für die Studierenden, welche sich im Genusse eines Stipendiums befanden, die Verpflichtung, durch akademische Fleisszeugnisse ihre fortdauernde Würdigkeit nachzuweisen. Heute geschieht dies allgemein durch sogenannte Dekanatsexamina, früher daneben auch durch Disputationen: „per Disputationes, quae etiam nomine Speciminis veniunt, cum ab omni aevo dignissimum habitum sit Studiorum experimentum illis committere, cum nemo sit quem non pudeat convinci disputantem." Aus der Disputatio juridica de obligatione studiosi stipendiarii, Praes. Joh. Schultzius, Resp. Michael Pauli. Gedani 1690, der jenes Zitat entstammt, ersehen wir ferner, dass der Stipendiat die schriftliche Disputation ganz oder wenigstens zum Theil selbst verfasst haben musste, wenn sie als documentum diligentiae dienen sollte, „cum alias nec Praeses nec ipse Respondens a suspicione doli immunis sit et fundatoris intentio eludatur et publicum praesumptione vana decipiatur."

In der That finden wir auch vielfach bei den hier in Frage kommenden Disputationen oder Specimina academica durch Titelblatt, Einleitung oder Zuschriften die Autorschaft des Respondenten betont. In früheren Zeiten (16. und Anfang 17. Jahrh.), als die Disputationsschrift noch nicht Selbstzweck geworden war, vielmehr die mündlichen Disputationen im Mittelpunkt des akademischen Lebens standen, genügte der Nachweis dieser. Den gedruckten kurzen Thesen kam kaum einiger Wert zu, so dass es auch gleichgültig war, ob sie vom Präses oder vom Respondenten entworfen waren; sie bewiesen nur, dass der Stipendiat disputiert hatte, und die angehängten Carmina und Zuschriften der Freunde und der Lehrer, besonders auch des Präses vervollständigten das Fleisszeugniss.

Nachdem jedoch im 17. Jahrhundert mehr und mehr der Abusus disputandi überhandgenommen hatte, dass Respondenten und Opponenten nicht mehr mit Gründen fochten, sondern das Gedröhn rohen Schimpfens und Schreiens als Folge wissenschaftlicher Unbildung die Hallen erfüllte [1]), da verloren die mündlichen Disputationen den Kredit und die Disputationschrift musste erweisen, quid valeant humeri, quid ferre recusent.

Diese Stipendiaten- oder Beneficialdisputationen werden dann zugleich mit einer Dankadresse den Collatoren, bezw. den privaten Wohlthätern und Mäcenaten gewidmet. Oft sind es auch Bewerbung-, um nicht zu sagen Bettelschriften. Beispiele werden hernach gegeben werden.

Ich rechne ferner hierher die Disputationen, die auf Verlangen der Eltern und Vormünder zum Beweise der Studienfortschritte, überhaupt des zweckentsprechenden Aufenthalts auf der Universität ge-

---

[1]) Vgl. die Disputation in Achim v. Arnims Studentenspiel: „Halle und Jerusalem."

halten wurden. Man kann sich ja denken, wie viel den Eltern an
solchen Specimina academica gelegen war. Sie verfolgen aus der Ferne
den Studiengang und das akademische Leben des Sohnes nur schwer.
Ferienreisen in die Heimat sind nicht wie heute möglich. Bei der oft
jahrelangen Abwesenheit von Hause bleibt also ausser Briefen die
periodische Uebersendung einer gedruckten Disputation der einzige
Trost der Eltern. Diente diese doch zum Zeugniss, dass die hohen
Kosten des Studienaufenthalts auf einer fernen Akademie nicht umsonst aufgewendet waren.

Von alledem will ich nun einige Beispiele geben.

Zu Ingolstadt vertheidigt 1576 Georg Thalerus, praeside Casparo
Lago, öffentlich einige Thesen. In der Widmung schreibt er: „Cum
par sit, ... patrone colendissime, ut, qui in schola publica, tanquam
Juris officina, aliquamdiu desudarunt, in arenam tandem prodeuntes,
aliquod suarum in Jure progressionum specimen tum praeceptoribus,
tum potissimum Mecoenatibus suis edant: Ego igitur etc."

Ebenda disputiert 1581 der Italiener Laurentius Parabellus publice
sub praesidio Frid. Martini de obligationibus: „non spe alicujus praemii,
seu honoris auferendi, multo minus ingenii ostentandi gratia, sed animo
saltem contestandi, me omnibus viribus in id elaborare, ut ... parentum meorum voluntati satisfacere queam tali."

In Jena dedizirt 1609 Justus Jacobi seine öffentliche Disputation,
die aber der Präses Piscator geschrieben, seinen „εὐεργέταις humillimi
obsequii et studii testificandi gratia." 1653 der Respondens Goldstein
die Magisterdisputation des Fridem. Bechmann seines Mäcenaten „pro
ulteriore in suas Musas faventia."

Ebenso widmet in Leipzig 1617 der Nürnberger Bernh. Planerus
„Chartaceum hoc munusculum, studiorum meorum fructus quales quales"
den heimischen Mäcenaten „in debitae gratitudinis et observantiae signum."
Der Disputant hat nämlich Stipendien bezogen; die Zeit ist vergangen,
ohne dass er das Ziel seiner Studien erreicht hat. So bittet er um
Verlängerung des Stipendiums. Hier liegt also eine öffentliche Dis-
putation vor zum Zweck der Bewerbung um ein Stipendium; gleich-
zeitig ist sie ein Fleisszeugniss, das die angehängten Verse seines
Hospes noch extra bekräftigen: „Nocturnas horas junxisti saepe diurnis."
Uebrigens ist auch hier der Präses Hakelmann der Verfasser.

In Helmstedt ist die Veranlassung und Autorschaft der Disputationen aus der ersten Hälfte des 17. Jahrhunderts selten festzustellen.
Es fehlen die Vorreden und die anderwärts, besonders in Altdorf,
gleichzeitig üblichen Glückwünsche. Aus dem Jahre 1644 begegne
ich einer philosophischen Disputation von Pape, Braunschweigischen
Herzögen gewidmet, die offenbar eine Bittschrift um ein Reise-
stipendium ist.[1])

---

1) Dissertatio de Septemviris seu Electoribus Germanorum Regni et
Imperii Romani. Quam Praeside ... Hermanno Conringio ... publice examinandam proponit ... Henricus Wilhelmus Pape. Helmestadii ... 1644.

In ähnlicher Weise bewirbt sich Joachim Wolff in Wittenberg 1656, allerdings mit einer Doktordisputation um das Patronat eines ihm sonst gänzlich fremden Herrn von Einsiedeln: „Tenuis mea conditio exigit, ut de benevolo Patrono mihi prospiciam."

Keine Promotionsschrift — sie ist im dritten Studienjahre verfasst, — obzwar in der Vorrede „studiorum primitiae" genannt, ist die folgende: Disputatio juridica de debitis ex feudo solvendis . . . Quam Auctoritate . . . Ictorum Ordinis Praeside . . . Duo. Casp. Zieglero . . . publico Eruditorum Examini sistit Joh. Henr. à Schönberg. Wittebergae 1659. Der Verfasser Schönberg schreibt dazu in der Widmung an seine Patrone: „Et cum ex more recepto in Academia hac Leucorea publico hoc tentamine me exercere decrevi; mihique in votis fuit, beneficia, quibus me hactenns satis largiter prosecuti sitis, aliquo modo recompensare; ideo has pagellas, quas pro ingenii modulo conscripsi, vestrae Generositati dedicare obligatio ad antidora extorsit, jussit."

Häufig sind in Strassburg im 17. Jahrhundert Benefizialdisputationen, den Verwaltern der bezogenen Stipendien gewidmet, also quasi Dekanatszeugnisse. Z. B. gab's ein Schenckbechersches Legat, das in den Jahren 1675—77 Ulrich Marbach genoss. Im ersten Jahre schrieb er Disputatio solennis de jure caducario, Praes. Gerh. von Stöcken, gewidmet den Dispensatoren jenes Stipendiums: „In grati animi testimonium . . . Spemque duraturi in se suaque Studia patrocinii ulterioriusque benevolentiae." Und diese Hoffnung hat nicht getrogen. Denn 1677 ist der Stipendiat in der Lage, die Fortsetzung jener ersten Disputation unter gleichem Titel als Disputatio inauguralis vorzulegen und wieder den Schenckbecherschen Kuratoren zu widmen. Beide Male ist Marbach Verfasser.

Aus Altdorf führe ich an ein Exercitium academicum des Nürnbergers Georg Stephan Decker vom Jahre 1675, zugeeignet den beiden Kuratoren des Stadtsäckels, wahrscheinlich um von ihnen Subsidien herauszuschlagen. Der Präses Linck wünscht in seiner Nachschrift dem Verfasser „Patronos gratiosos larga manu menteque." In ähnlicher Absicht widmet Joh. Wilh. Baier 1667 seine Disputatio philosophica De pugna affectuum et rationis Nürnberger Senatoren mit einer Zuschrift voll ekelhafter Schmeichelei und Bettlergesinnung. Er nennt sie nicht bloss Patriae Patres, sondern sogar Joves humani und fleht sie an, die Strahlen ihrer Gnade auch auf ihn, den gänzlich unbekannten, fallen zu lassen. Der Streber hat es dafür später zum Professor in Altdorf gebracht. Andrerseits finden sich auch Dedikationen aufrichtiger Dankbarkeit gegen hochstehende Wohlthäter, denen der Respondent mit seiner Disputation Rechenschaft ablegt vom Fortgang seiner Studien. Vgl. Joh. Jac. Im Hoff, Präs. Wilh. Ludwellus, Disput. de aristocratia. Altdorphi 1646.

Ein anscheinend verlangter Beleg für den Studienfleiss (ähnlich unsern Dekanatszeugnissen) ist die theologische Stipendiatendisputation des Joh. Müller, Altdorf 1711. Zugeeignet wird sie den Verwaltern der Krauseschen Stipendien „ad benevolentiae ulterioris et favoris incitamentum ea, qua par est, observantia." Zum Schluss bescheinigt noch der Verfasser-Präses Zeltner die Tüchtigkeit, den Fleiss und das sittliche Wohlverhalten des Respondenten und empfiehlt ihn aufs angelegentlichste.

In Erfurt widmet Uckermann 1670 seinen „fautoribus ac patronis primum hocce exercitium academicum" (es sollen also noch weitere folgen) zum Zeichen der Dankbarkeit, und damit ihm „amplior imposterum aditus ad patrocinii Vestri fores pateret." Und E. v. d. Sachsen 1677 rechnet sich mit seiner Disputation zu denen, „qui beneficiis pluribus ornati gratae mentis officia explere hac sibi via potissimum pollicentur."

Ebenda nimmt Hertwich 1711 Anlass zu einer Disputation, um seinem Vater und Wohlthäter „de erogatis in me studiorum sumtibus per specimen aliquod academicum rationem quasi reddere." Gleicherweise disputiert in Halle 1700 Phil. Wilh. v. d. Busche, „postquam jussu illorum, quorum arbitrio refragari piaculum mihi est, specimen academicum edendum fuit."

Eine Folge jenes Verlangens der Eltern nach Studienzeugnissen ihres Sohnes bildet die Erscheinung wiederholter Disputationen eines und desselben Respondenten auf verschiedenen Akademien. Jacob Fetzer, der 1664 in Strassburg promoviert wurde, schreibt in der Vorrede zu seiner Disputation: „ . . . quotiescunque in una atque altera, qua hactenus vixi, universitate, exercitium aliquod disputatorium publicum privatumve jussu eorum, quibus parere pietas atque reverentia voluit, instituendum fuit, malui tantorum virorum opiniones . . . defendere, quam propriis laboribus aliorum offuscare . . ."

Diese Beispiele mögen genügen.

d) Die Disputationes valedictoriae.

Eine grosse Menge akademischer Specimens, ohne dass ein akademischer Grad damit erstrebt worden wäre, bilden die sogenannten Abschiedsdisputationen. Nicht selten steht ausdrücklich auf dem Titelblatt das „valedictionis causa" oder eine ähnliche Wendung; zumeist aber ergiebt sich aus der Vorrede und den angehängten Glückwünschen die Veranlassung zur Disputation.

Es war eine auf deutschen Hochschulen ganz allgemein verbreitete Sitte, ein stehender „mos academicus," nicht bloss beim Beschluss des akademischen Lebens überhaupt, sondern auch beim Weggange von einer Universität zur andern valedictorie zu disputieren, eine Sitte, der sich freilich nicht Alle unterwarfen, aber doch Viele, und der nicht bloss Studenten huldigten, sondern auch Professoren.

Im allgemeinen handelte es sich dabei für die Studierenden darum, sich und ihren Angehörigen über einen zurückgelegten Abschnitt der

Studien Rechenschaft zu geben, das Gelernte repetendo zu befestigen („Vertiefung und Besinnung" der Herbartianer) und das Wissen in Können umzusetzen (fünfte Stufe der Methode oder Funktion), gleichzeitig aber ein schriftliches Zeugniss zu erwerben, mit dem sie sich den Zugang zu einer andern Universität wesentlich erleichterten, oder auch — wenn es sich um den Abschluss des akademischen Studiums überhaupt handelte — mit einer öffentlichen Disputation „coronidis vice" den Schlussstein zu setzen. Bisweilen, aber keineswegs immer sind das dann Promotionsdisputationen gewesen. Sie erfüllten jedoch, ebenso wie die abgehenden Professoren, auch eine Pflicht der Pietät gegen ihre bisherige Alma mater, indem sie valedictionis causa das Katheder bestiegen, eine löbliche Sitte, die sich noch auf manchen Gymnasien unserer Zeit erhalten hat.

Eine Reihe von Beispielen aus verschiedenen Universitäten mag das Gesagte illustrieren.

1670 disputiert Ernst Friedemann Schelhase in Leipzig unter Jac. Thomasius über das Thema: „Religione christiana non minui fortitudinem bellicam, Contra Nicolaum Macchiavellum ..." Die Einleitung beginnt: „Laudabilis non minus quam utilis in Academiis hactenus invaluit consuetudo, dum partim abitum in patriam parantes, partim vero ad altiorem facultatem animum applicantes coronidis vice quoddam specimen Eruditorum censurae exhibere consueverunt. Quae sane consuetudo a quolibet, cui saltem est gustus et notitia exercitii hujus Academici, laudatur. Etenim discedens Studiorum longe maximum ex ea colligit fructum; quippe Patronorum de se conceptam spem non modo alit atque sustentat, verum etiam majorem in modum adauget."

Ein gewisser Biesenrod, der 1685 in Leipzig unter Schwendendorffer disputierte, beginnt seine „Interdicti de migrando discussio": „Migrare e florentissima Philyrea, quae aliquot me annis fovit, et alium visitare Parnassum jussus, de Specimine quodam studiorum meorum edendo cogitare cum e re mea statuerem ..." Und Chr. L. Bernhardi giebt die Veranlassung zu seiner Disputation de agris vectigalibus 1697 dahin an: „Cum enim jussu ... Parentis mei Academiae vitae mox valedicendum esset, animo mecum constitui, ea quae in praelectionibus privatis percipere hactenus licuerat, summatim repetendo percurrere, eum in finem, ut studiis meis hoc ipso optime consulerem ..."

In Altdorf disputiren 1731 zwei Brüder Oelhafen. Sie bezeichnen ihre Scripta ausdrücklich als „industriae specimen"; der eine: „ne in otio tempus Academicae vitae consumsisse videantur," der andre: „nos ... specimen quoddam Laborum nostrorum Academicorum nunc finiendorum edituri ..." Kein Anzeichen dafür ist vorhanden dass hier Disputationen pro gradu vorliegen.

Ebenda disputirt 1698 Holzschuher „universitati valedicens", wie ausdrücklich auf dem Titelblatt steht.

G. B. v. Laffert, der 1681 Altdorf verlässt, um nach Frankreich zu ziehen, schliesst hier ebenfalls erst mit einem Specimen academicum ab. Vielleicht versah dies die Stelle eines Abgangszeugnisses und diente zu weiterer Empfehlung. Aus Anlass eines ähnlichen Specimens wünscht 1680 der Präses H. Linck dem Autor und Resp. Hopfner „gratiosam remunerationem atque Patronos benignissimos".

Kurzum, Pappenheim, der 1716 in Altdorf mit einer öffentlichen Disputation abschloss, durfte nicht ohne Grund schreiben: „Usu enim diuturno et Altdorffinis quasi proprio invaluit, ut Disputationes frequenter admodum hic habeantur, et raro Academicorum quispiam ex hac urbe excedat, quin ante publico specimine vires periclitatus, aliis etiam demonstraverit".[1]) Er fügt weiter hinzu, dass er in der kurzen Zeit seines Aufenthalts in Altdorf („semestre spatium") etwa 50 solchen akademischen Uebungen beigewohnt habe.

Auch in Erfurt herrschte die Sitte, beim Abgange von der Universität mit einem Specimen hervorzutreten. So sagt Körber 1690 im Prooemium: „Postquam vitae Academicae .... valedicere constitui, pro laudabili hactenus in Academiis imprimis vero nostrae Germaniae more consueto breve aliquod monumentum studiorum meorum .... eruditorum censurae submittere placuit". Und Tenzell beginnt 1721: „Ad extraneas abiturienti Academias specimen aliquod prius mihi erat edendum, quo simul rationem redderem vitae non temere ... in hac Alma ... peractae". Aehnliche Beispiele hatte ich mir aus Halle, Helmstedt, Tübingen, Wittenberg, Jena, Rostock, Frankfurt, Ingolstadt, Strassburg notiert, die anzuführen wohl erübrigt. Ich will nur ein paar der bemerkenswerteren herausheben.

In Ingolstadt disputiert Alexander Eurialus 1560 „valedictionis loco". Er beabsichtigt zur Fortsetzung seiner Studien nach Italien zu gehen und hofft, dass ihm die abgelegten Proben seiner Disputierfertigkeit nach der Rückkehr angerechnet werden: „honestissimos hos labores meos reduci mihi expeditissimo adjumento ad honores consequendos futuros".

In Rostock sind die Abgangsdisputationen sogar vorgeschrieben, vielleicht aber deshalb gerade wenig im Schwange gewesen. In einem Programm von Jo. Sibrand, 1688, wird geklagt, dass z. Z. selten welche gefunden würden, „qui exhibere publicam Disputationem sustineant: Quamvis lex in statutis reperiatur, quod nemo sine tali specimine huic valedicere Almae debeat." Aber um 1707 findet sich noch ein pflichttreuer Student Joachim Christoffer von Moltke, der abschiedsweise „de matrimonio nobilis cum ignobili" disputiert: er

---

1) Dies bestätigt auch G. A. Will, Gesch. d. Univ. Altdorf. 1795. S. 123: „.... bis auf die funfziger Jahre dieses Säculums gieng wol nicht leicht ein eigentlich Studierender, ein Stipendiat und selbst ein Patrizier von hiesiger Universität ab, ohne eine Disputation oder Deklamation gehalten und seinen Gönnern und Beförderern damit ein öffentliches Zeugniss seines akademischen Fleisses und seiner Dankbarkeit gegeben zu haben".

schreibt im Prooemium: „Cum abiturum ex hac Academia paro, nolui legibus ejusdem adversari & sine specimine discedere ..."

In Strassburg nimmt 1592[1]) der junge Magister Herrenwurst eine „Disputatio de successione feudali .... publici exercitii causa proposita" mit auf den Weg nach Jena. Der Schrift ist vorangedruckt ein Empfehlungsschreiben des Professor-Präses Obrecht an Prof. Nic. Reusner.

Ebendaselbst findet sich aus 1663 folgende Abschiedsdisputation: Disputatio juridica De traditione ... Quam Auspiciis Viri ... Friderici Deckherri ... Solenni Eruditorum Examini subjicit Author et Respondens Johan: Leonhardus Bauser .... Argentorati. Typis Eberhardi Welperi. 1663. 4°. In der Vorrede liest man: „Cum apud plerosque melioris notae Studiosos a multis retro annis nunquam satis laudanda inoleverit consuetudo, ut eruditionis in Academiis adeptae publica specimina a tergo relinquant prius, quam hinc alio se conferre soleant, ne tempus illud, quo studiis incubuere, inaniter impendisse videantur; ideo et ego .... disputationem hanc .... conscribere ... volui".

Endlich mag hier noch aus Jena vom Jahre 1693 die Disputation des Daniel Krauss (Autor et Respondens, G. Schubart Praeses): de statu liberorum dubio et illegitimo angeführt werden, worin der Verfasser schreibt: „Discessurus ex hac academia in almam Noribergensium Palaecomen, committere vix potui, quin de sententia, praesertim ac voluntate illorum, quibus rationem otii liberalis reddere debeo, specimen ederem pro captu ingenii ac profectu studiorum. Leve sic erit id ipsum, quale est tyrocinium ....." Eine Promotionsschrift ist dies auf keinen Fall. Aus der Zuschrift des Präses folgt, dass der Respondent ein Triennium absolvirt hat; zur Promotion war er also, da das juristische Studium fünf Jahre dauerte, noch gar nicht reif.

Wie vorher erwähnt, disputierten auch Professoren, natürlich als Präsiden, valedictorie, wenn sie einem Rufe nach einer andern Universität oder in irgend eine andere öffentliche Stellung folgten. So z. B. Andreas Ramdohr, Jena 1643, (Resp. von Kampen) de syndicis, als er, zum Syndicus Reipublicae Brunopolitanae berufen, Jena verliess.

e) Die Disputationen pro completione.

Alle bisher betrachteten Disputationen mit Ausnahme der Inauguraldisputationen fallen unter den Begriff der Exercitationes academicae, sind auch nicht selten auf den Titelblättern so genannt. Wirkte eine ausserhalb der Sache liegende Ursache zum Besteigen des Katheders mit, wie z. B. das jussu parentum oder eine Stipendien-Verpflichtung, so hiessen sie Specimina eruditionis etc. Oft genug lag aber auch blosse Eitelkeit und Ruhmsucht als Triebfeder zu Grunde. Man könnte

---

[1]) Also zur Zeit, wo die Akademie noch gar keine juristischen Grade verleihen konnte.

derartige Disputationen, die befähigte und nota bene reiche junge Leute wie z. B. der junge Samuel Stryk wiederholt und in grosser Zahl hielten, wohl ganz gut Renommierdisputationen nennen. Genannter Stryk hat sechsmal während seiner Studienzeit zu Danzig, Frankfurt, Wittenberg, Basel mit grossem Beifall disputiert.[1]) Stärker war schon die Leistung eines gewissen Franz Heinrich von Langen, der in einem einzigen Semester (Winter 1680/81) zu Jena siebenmal über selbst ausgearbeitete Thesen aus den Pandekten disputierte. Von F. L. Cortrejus aber, der 1695 in Jena pro licentia disputierte, erfahren wir, dass er während seines sechsjährigen Studiums vier philosophische und neunundzwanzig juristische Disputationen gehalten hat. Demgemäss genügte ihm auch für die Inauguraldisputation ein einfaches Auftreten nicht: er debütierte pro licentia mit zwei Disputationen.

Zu den Exercitationes academicae sind auch im recht eigentlichen Sinne die Vorläufer der Inauguraldisputationen zu rechnen, durch die sich die Kandidaten für den feierlichen Akt einübten.[2]) Man findet nicht selten in einer solchen Disputationschrift einen Hinweis auf die ins Auge gefasste Inauguraldisputation, sei es im Prooemium oder in den angehängten Glückwünschen. Zudem verlangten auch die akademischen Vorschriften, dass die Bewerber durch eine Anzahl Specimina academica eruditionis seine Qualifikation für die Promotion den Professoren beglaubigte, bevor er zu den Prüfungen zugelassen wurde. Diese Disputationen wurden „pro completione" oder „ad complendum" gehalten. In der Artistenfakultät zu Ingolstadt z. B. lauten die Bestimmungen (von 1539) „de disputationibus complendis": „Quilibet scholaris primam lauream philosophiae suscepturus complevisse debet tredecim disputationes baccalaureorum, totidem etiam magistrorum a principio usque ad finem (d. h. als Zuhörer!)." „Baccalaurei tenentur complere tredecim disputationes magistrorum, totidem etiam baccalaureorum argumentando (d. h. also als Opponentes extraordinarii)." Und: „Quilibet admittendus ad baccalaureatum debet ter respondisse magistris; ad magisterium itidem." Ausserdem musste der Promovend noch dreimal extraordinarie respondirt haben.

Ueber diese Probedisputationen in den obern Fakultäten hatte ich schon S. 9 die Wittenberger Statuten zitiert, worauf hier verwiesen sein mag.

Beispielsweise gebe ich die Titel zweier solcher Disputationen ad complendum.

1. Dissertatio theologica de propagando evangelio ..., quam moderante ... Dno. Johanne Cypriano ... 1717. d. XV. April in disputatione solenni, quae in supplementum Baccalaureatus Theologiae habenda est, examini ... submittit Matthias Georgius Schröder,

---

1) Vgl. C. H. Horn's Einladungsprogramm zur Promotion Joh. Sam. Stryks, Wittenberg 1692.
2) „Publici exercitii causa" heisst es dann gewöhnlich auf den Titelblättern.

Phil. Mag. SS. Theol. Baccal. [aureandus?] & ad D. Pauli Conc. Vespert. Lipsiae.

2. Von demselben zwei Monate später: Dissertatio de propagando evangelio ... quam ... moderante Dno. Johanne Cypriano ... 1717. d. XV. Jun. in disputatione solenni ad compl. Bacc. Examini ... subjicit M. Matthias Georg Schröder SS. Th. Bacc. ...

f) Anhangsweise mögen hier endlich noch offizielle akademische Disputationen aus ausserordentlichen Anlässen Erwähnung finden. Als z. B. im Jahre 1700 der Baron von Bibra, Christoph Erhard, als Oberstkommandirender des Kurfürsten von Mainz in Erfurt einrückt, begrüsst ihn die philosophische Fakultät mit einer Disputatio historicopolitica, die der Studiosus Balthasar Heyder „sub umbone M. Joannis Kiesslingii" vorlegt. Am Schlusse der von Heyder auch signierten Adresse heisst es: „... hoc conamen nostrum ..., quo post exoptatum Tuum ingressum in Urbem Geranam Musae Ordinis Philosophici Excellentiam Tuam submisse excipere et humiliter salutare voluerunt ac debuerunt." Ein Wunder bloss, dass dem Herrn Baron nicht gleich der Ehrendoktor angehängt worden ist.

Dieses Beispiel zeigt recht deutlich, dass die öffentlichen Disputationen gewissermaassen Schaugerichte waren, Paradevorstellungen, worin die Universität ihr innerstes Wesen der Oeffentlichkeit präsentierte. Denn, wie schon vorher gesagt wurde, bildeten die Disputationen einen integrierenden Bestandtheil des akademischen Lehrbetriebes, ja in ihnen pulsierte gleichsam das akademische wissenschaftliche Leben, und wie, wenn heute ein hoher Herr ein industrielles Etablissement mit seinem Besuche beehrt, besondere Veranstaltungen getroffen werden, um ein imponierendes Bild zu geben von der Thätigkeit und Leistungsfähigkeit des Besitzers und seiner Mitarbeiter, so gab aus gleichem Anlass die Universität ihr Bestes, was sie hatte, in einer feierlichen Disputation, sie zeigte sich — im Betriebe und legte ein Probestück ab. —

Soviel von den öffentlichen Disputationen. Es sind hierzu, was bisher noch nicht erwähnt wurde, auch die Präses-Disputationen pro loco oder ad facultatem zu rechnen. Da auf diese in einem späteren Kapitel zurückzukommen sein wird, so übergehe ich sie an dieser Stelle.

Kapitel 4.
Die Disputationes circulares.

In den Wittenberger Statuten war den Theologen auferlegt, alle Sonnabend, abgesehen von den sonstigen öffentlichen Disputationen, circulariter zu disputiren („Circulariter autem disputent Magistri omnes secundum eorum ordinem singulis sextis feriis"); eine ähnliche Vorschrift für die Juristen verdeutlicht die Sache etwas, wie folgt: „secundum eorum ordinem semper intra quindecim dies procurent aliquem scholasticorum terere circulum, cui praesideant." Aber klar wird nicht, was man hierunter zu verstehen habe. Zahlreiche Circular-Disputationen aller Fakultäten liegen aus Altdorf aus dem Anfange des vorigen Jahrhunderts vor. Wir begegnen da auf den Titelblättern Wendungen wie: circulari disputationi exhibita, examini disputatorio circulari subjiciet, circularis exercitii gratia exposita, in ordine ut vocant circulari disputabit oder bloss circulariter disquiret, endlich in circulo uti vocant disputatorio u. s. w.

Eine Definition der Disputationes circulares finde ich bei Ern. Frid. Neubauer, Diss. log. de exercitiis disputandi frequentius in academiis instituendis. Halae 1730. 4°. Derselbe unterscheidet dreierlei Disputationen: Disputationes publicas, circulares, privatas — und definirt die circulares folgendermaassen. „Est enim ratio quaedam alia disputando sese exercendi, quum certus auditorum numerus librum quemdam disputandi pertractat: id quod cursum disputandi, nec non circulares disputationes stilo vulgari vocant." Gleichzeitig giebt er Beispiele. „Inveni hunc morem, qui hodie in Salana nostra regia (sc. Halle) prorsus exspiravit, olim non fuisse inconsuetum. Reverendissimus enim noster ... Joach. Justus Breithaupt observationum theologicarum, ex commentario b. Lutheri in epistolam ad Galatas, ad disputandum selectarum, exercitationes X, ea methodo publice anno 1694 habuit."

Hiernach wären unter den Disputationes circulares Uebungen zu verstehen, die ein geschlossener Kreis von Studenten, ein „Disputierkränzchen", unter der Leitung eines Präses anstellte und zwar unter Zugrundelegung eines Autors (bei den Juristen z. B. der Institutionen), der vollständig durchdisputiert wurde. Die Theilnehmer traten dann, wie aus anderweitigen Belegen sich noch ergeben wird, in einer durchs Los bestimmten Folge abwechselnd als Respondenten und Opponenten auf. Von den privaten Disputationen unterschieden sich die circulares dadurch noch, dass sie öffentlich gehalten wurden; von den eigentlich öffentlichen aber wiederum, dass das Auditorium sich nicht betheiligte, sondern das Opponieren auf die Mitglieder des „Collegium disputatorium", wie es auch heisst, beschränkt blieb. Denn nicht überall scheint die Bezeichnung „Circulardisputation" üblich gewesen zu sein. Die Marburger Statuten von 1653, die Erfurter[1]) von 1634, auch die Giessener von 1607 und die Strassburger von 1634(?) enthalten sie nicht, wohl aber ausser den genannten Wittenberger von 1508 z. B. die Rostocker Statuten von 1564 (nach Otto Krabbe, die Universität Rostock im 15. u. 16. Jahrhundert. 1. Theil. Rostock 1854) und die Tübinger von 1539.

Gleichwohl wird Namen und Wesen der Sache überall bekannt gewesen sein. So bescheinigt z. B. in Giessen 1709 der Präses Joh. Nic. Hert dem Respondenten Schrötteringk in einer der Abgangs-

---

1) Vgl. jedoch Motschmann, Erfordia literata. 4. Forts. 1736. S. 463 f.

disputation: "De pluribus hominibus personam unam gerentibus" angehängten Zuschrift, dass er fleissig studiert habe „nec specimine uno in disputationibus circularibus publicis diligentiam tuam ac solertiam probasti".

Anderwärts ist wohl die Benennung „Collegium disputatorium" geläufiger gewesen, in Leipzig z. B. bis in die Mitte vorigen Jahrhunderts hinein. Aehnlich in Halle, worüber weiter unten. Wie es in Jena damit gestanden hat, verrät in etwas Neubauer in der vorher zitierten Disputation mit dem Hinweis, dass da der Gebrauch der Circulardisputationen sehr gewöhnlich gewesen sei. Leider ist noch immer keine Geschichte der Universität Jena geschrieben, trotzdem die dortige Bibliothek schon seit 1858 das dazu von Wegele gesammelte Material aufbewahrt, noch sind Fakultätstatuten veröffentlicht, so dass ein gerade hier sehr wünschenswerter Aufschluss unterbleiben muss. Denn was Achatius Ludw. Carl Schmid in seinem „Zuverlässigen Unterricht von . . . . der Gesammt-Akademie zu Jena", 1772 über die Disputationen daselbst berichtet, ist ganz unzureichend. Ich entnehme daraus nur, dass alle Disputationen (im 17. Jahrh.) Mittwochs und Sonnabends stattfanden und die Inauguraldisputationen vor den übrigen den Vorrang hatten; dass letztere ferner von den Kandidaten selbst ausgearbeitet werden und der Präses demnach hier für Ausarbeitung nichts vereinnahmen solle. Der Circulardisputationen jedoch geschieht keine Erwähnung.

Den Strassburger Gebrauch fixiert wohl Georg Gumpelzhaimer in seinem von Moscherosch 1652 zu Strassburg herausgegebenen Gymnasma de exercitiis academicorum, wo es S. 190 heisst: „Rectius inde facere apparet eos qui collegia disputatoria in Academiis aperiunt authoremque certum disputationibus subjiciendum eligunt . . ." Zu bemerken ist jedoch erstens, dass derartige collegia disputatoria auch intra privatos parietes oder unter Ausschluss der Oeffentlichkeit gehalten wurden, demnach sich mit den eigentlichen Privatdisputationen verknüpften; zweitens aber, dass sie von manchen Schriftstellern, z. B. von Will, Geschichte der Universität Altdorf, 1795, geradezu als private Disputationen im Gegensatz zu den öffentlichen bezeichnet werden. In diesem Sinne verstehe ich auch die Vorschrift der Marburger Statuten von 1653, dass die Professoren der medizinischen Fakultät „singulis semestribus tria vel ad minimum duo collegia privata disputatoria" einrichten sollten.

Indess brauchte die Veranstaltung keineswegs immer vom Professor auszugehen. Befreundete Studierende vereinigten sich wohl zu einem Disputierklub („circulus disputantium, ordo disputatorius") und gingen in jedem einzelnen Falle einen Professor um das Präsidium an. Hierbei wurde denn auch nicht immer ein bestimmter Autor durchdisputiert, sondern es kamen auch sozusagen monographische Circulardisputationen vor. Vgl. z. B. Disputationem circularem de Jo. Nauclero sub Praesidio Dan. Gnil. Molleri . . . p. p. Joh. Car. Riednerus. Altdorf

1697, und Dissertationem physicam circularem De fulmine.... sub praesidio Joh. Guil. Baieri ... in academia Norica Examini publico sistet Joh. Georg König. 1706.

Die Sache erklärt sich aus dem, was Georg Andreas Will in seiner Geschichte und Beschreibung der Nürnbergischen Universität Altdorf über das dortige Disputationswesen berichtet hat.

S. 120 u. f. heisst es:

„Von den nützlichen Disputirübungen kann man wohl behaubten, dass sie, wenn irgendwo, vorzüglich zu Altdorf, von jeher zu Hause gewesen seyen. Wir haben hier öffentliche und Privat-Disputationen. Bei den öffentlichen erscheint der Rektor und der Dekan der Fakultät im Habit, die sämmtlichen Professoren aber sind ihnen beizuwohnen verpflichtet. Sie werden entweder zur Uebung unter dem Vorsitz eines Professors, der dafür von seinem Respondenten bezahlt wird und auch aus dem Fiscus etwas Bestimmtes erhält, oder von Privatlehrern, die sich habilitiren, oder auch üben wollen, oder endlich zur Erlangung der höchsten Würde, gehalten. Diese letztern, Inaugural-Disputationen nämlich, heisen solenne.[1]) Die Handlung geht in dem Welserischen oder theologischen Hörsaal vor, dauert drei Stunden, und die Subsellien werden mit Tapeten behänget. Montag, Dienstag, Donnerstag und Freitag sind die gewöhnlichen Tage zu den öffentlichen Disputationen. Die Streitschrift aber wird vorher den Professoren, Honoratioren, und allen Studenten an ihren Tischen ausgetheilet.

Mit den Privat-Disputationen hat es hier eine ganz eigene Bewandniss. Ob sie gleich von den öffentlichen unterschieden werden, gehen sie doch in einem Auditorium vor, und werden wie andere besuchet, nur sind die Professoren nicht besonders verpflichtet, dabei zu erscheinen. Sie heisen Disputationes circulares, weil sie ursprünglich in einem Cirkel von Respondenten und Opponenten wechselsweise und in einer bestimmten Folge aufeinander sind gehalten worden. [Das Folgende ist nun spezifisch Altdorfisch.] Wenn dieses aber auch nicht ist, und nur ein Studirender sich ohngefähr üben und keine Kosten aufwenden will, führen sie doch diesen Namen. Der Student kann sich jeden Professor, zu dem er Zutrauen hat, zum Präses wählen, und muss ihm dieser unentgeltlich den Vorsitz geben, weil die sämmtlichen Professoren für diese Circulardisputationen einen Theil ihrer Besoldung haben. Man kann allen Geldaufwand dabei ersparen. Es kann blos über Sätze, über eine geschriebene Streitschrift, oder über ein Buch desputiret werden. So haben D. Bernhold und D. Joh. Dav. Baier über D. Joh. Wilh. Baiers, des Vaters, historische Theologie, und D. Dietelmair über die Augsburgische Konfession, im

---

[1]) Dazu bemerke ich, dass die Altdorfer Dr.-Dissertationen, soweit ich gesehen habe, durchweg ohne Präses erschienen sind.

Cirkel disputiren lassen. Will man eine eigene kleine Schrift[1]) in den Druck geben, kann es auch ohne sonderliche Kosten geschehen, weil man allenfalls nur Einen Bogen liefern und die Druckschrift nicht allgemein, sondern nur den Professoren austheilen darf. Zu diesen Disputationen waren der Mittwoch und Sonnabend bestimmt, und an diesen Tagen wurden sie Vor- oder Nachmittag gehalten. Sie dauerten nur zwo Stunden und hatten auch nur zween Opponenten, dahingegen, bei den öffentlichen Disputationen ihrer drei, ohne die ausserordentlich aufstehenden, seyn müssen; wiewol auch bei den Cirkular-Disputationen manchmal, und besonders in den neuern Zeiten, drei Stunden und so viel Opponenten, gestattet wurden. Diese gute, von ieher angeordnete und 1627. wieder erneuerte Anstalt war mit Ursache, dass in Altdorf eine so gar grosse Anzahl von Disputationen zum Vorschein kam, worunter sich die J. W. Baierischen, die ... Zeltnerischen, der Menge oder der Güte nach, auszeichnen. Ehehin nemlich sind alle Wochen in den 4 sämtlichen Fakultäten Cirkulardisputationen gehalten worden."

In Erfurt scheinen jedoch, wofern Motschmann recht berichtet, die Cirkulardisputationen nur von der philosophischen Fakultät gepflegt worden zu sein. In der vierten Fortsetzung seiner Erfordia literata

---

[1] Z. B. De pice ... circulariter disquiret Praeside Christophoro Sonntagio ... Responsurus Autor M. Georg Stephan Stieber. Altorfi 1708.

Ferner: Veterum recentiorumque Germanorum scholas solitas et solidas pro exercitio academico in disputatione circulari placidae commilitonum Σνζητήσει exhibitas D. T. O. M. S. sub moderamine Jo. Davidis Koeleri ... defendet ... a. 1725 Respondens Carolus Christianus Hirschius .... Altdorfi Noricor. — Hirsch ist der Verfasser, wie die Nachschrift des Präses bestätigt. Da diese in mehrfacher Beziehung interessant ist und die Willsche Schilderung z. T. bestätigt, so mag sie hier stehen. „Bene et congruenter industriae tuae egisti, quod de aliquo eruditionis specimine publice edendo et amica disputatione commilitonum ventilando cogitavisti. Ostendisti enim te non male tempus in hac Academia collocare .... Hac de causa tuum hoc institutum mihi ita placuit, ut cum meae censurae meditationes tuas de ... conscriptas exhiberes, praesidiumque meum in disputatione circulari expeteres, ego hoc non solum tibi promte sponderem, verum etiam istas tibi absque ulla mea vel correctione vel additione redderem; ut omnibus eo certius constaret de labore a te absque ullo alterius adminiculo peracto et ex hoc foetu ingenii tui genuino Maecenates tui atque Patroni eo certius cognoscerent, quid valeant humeri tui, quid ferre recusent ...".

Uebrigens hat Will selbst 1745 mit „einer eigenen kleinen Schrift" de Nethinaeis" „in ordine circulari" disputiert und zwar, wie der Präses Baier schreibt, pro cathedra theologica. Seine Magisterdisputation erfolgte ein Jahr später. Da sie Meusel in seinem deutschen Schriftstellerlexikon unter den Willschen Schriften nicht aufführt, obwohl er erwähnt, dass Will 1747[!] in Altdorf den Magistergrad erworben, so will ich sie zur bibliographischen Vervollständigung mitteilen. Sie lautet: Diss. inaug. de foro Appii et tribus tabernis ad illustr. Act. Apost. cap. XXVIII, 15. Quam ... moderante Dom. Chr. Gottl. Schwarzio ... secundi gradus ad honores in philosophia capessendos more majorum struendi caussa publicae solemnique disquisitioni tradit Geo. Andr. Will. Altorfii 1746. 4.

von 1736 schreibt er nämlich über den Amtsantritt des Dekans der philosophischen Fakultät S. 463: „Zu solchem actu invitirt er durch ein kurzes Programma, auf welches zugleich die Lectiones derer Philosophischen Professorum, nebst fünff Thesibus Philosophicis gesetzt werden. Auf dem bestimmten Tag versammeln sich die gesammten Assessores ... in der Stuba Facultatis, und begleiten den Decanum ... ins Auditorium Philosophicum, allwo er ... Statuta verliesct ..., denn aber als Praeses, nebst einen Respondenten, die erwehnten 5. Theses, wieder zwey biss drey Professores Opponentes vertheidiget, womit zugleich der Anfang zu denen so genannten Circular-Disputationen gemacht wird."

Eine Anmerkung giebt hierzu noch folgende Erläuterung:

„Die Circular-Disputationen sind A. 1566. von Wolffg. Westermeiern ... gestifftet, welche Stifftung nachmahls M. Joh. Erbes ... 1591. in etwas vermehret hat. Und daher ist derjenige, so circulariter disputirt, nicht nur von denen bey Disputationibus sonst gewöhnlichen Kosten frey, sondern bekommt auch noch von der Philosophischen Facultät eine kleine Zubusse zum Drucker-Lohn; doch muss dergleichen Circular-Disputation nur aus 5. Thesibus auf einen halben Bogen bestehen. Die Absicht des Stiffters ist gewesen, die in denen ältesten Zeiten wöchentlich gehaltene Disputationes Magistrorum und Baccalaureorum zu befördern, und die Kosten des Druckes, die sonst nicht gewesen, tragen zu helffen."

Alles in Allem genommen dürfte sich demnach folgendes Bild ergeben. Ursprünglich gab es an den Universitäten nur eine Art von Disputationen, die alle öffentlich und in ganz gleicher Weise gehalten wurden, mochten es nun blosse Uebungen sein oder auch Inauguraldisputationen. Letztere waren nur eine unter den zur Erlangung des Grades erforderlichen akademischen Leistungen und zwar bei der ganzen bis in das vorige Jahrhundert dauernden rein formalistischen Richtung der gelehrten Bildung eine selbstverständliche, gar nicht weiter auffällige.

Vor Erfindung der Buchdruckerkunst und auch noch im 16. Jahrhundert wurde über eine Anzahl kurzer Streitsätze disputiert, die vorher öffentlich an den Thüren der Auditorien und Kirchen angeschlagen wurden. Solche Plakate in Folio liegen mir noch aus 1560 und 1570 von Padua und Ingolstadt vor, jedenfalls stellen sie die erste Form der gedruckten Disputationen dar. An und für sich ohne wissenschaftlichen Wert hatten sie nur die Bedeutung von Konzertprogrammen zu der Musik, die hernach hinter den Thüren gemacht wurde. Denn das Schwergewicht lag eben in der mündlichen Disputation, nicht in der Druckschrift.

Später änderte sich das. Gegen Ende des 16. Jahrhunderts begegnen wir Disputationen in 4°, ausgestattet mit gelehrten Anmerkungen zu den einzelnen Thesen. Weiterhin wird endlich die Thesenform ganz fallen gelassen, und an ihre Stelle treten zusammenhängende Abhandlungen, beschwert mit literarischen Noten, denen dann unter dem Titel „Corollaria" eine Anzahl Streitsätze angehängt wurden, wie sie in früheren Jahrhunderten überhaupt die ganze schriftliche Unterlage der mündlichen Disputation gebildet hatten.

Natürlich wurden hierdurch die Disputationen wesentlich erschwert. Zu den sonstigen Expensen traten das Honorar für den Professor-Präses, der etwa die Disputierschrift verfasste, und die hohen Druckkosten. Und es ist nicht unwahrscheinlich, dass darum die Frequenz dieser Uebungen abnahm. Da scheint man denn nun in den Circulardisputationen oder Disputationskollegien eine einfachere und billigere Form gefunden zu haben, die sich neben der feierlicheren und kostspieligeren der öffentlichen Disputationen solange erhielt, bis sich das ganze akademische Disputierwesen überlebt hatte und ausser Gebrauch kam. Es hat eben alles seine Zeit, wie Salomo sagt.

Im allgemeinen gingen also die Circulardisputationen von einem ad hoc zusammengetretenen Collegium disputatorium aus und waren vereinfachte öffentliche Disputationen.[1]) Eines der Mitglieder respondierte, zwei opponierten; das geladene Auditorium sass schweigend dabei und lernte durch Zuhören. Ein Professor, der entweder überhaupt der Anstifter oder der gewählte Leiter der Uebungen war, führte den Vorsitz und schrieb oder liess schreiben die etwa gedruckten Disputationen.

Ein ausgezeichnetes Beispiel solcher Uebungen liefert uns Christ. Thomasius' Dodecas quaestionum promiscuarum, Halae 1693.

Die Gründung der Universität Halle fiel in eine Zeit, wo das Disputierwesen vielfach bereits in groben Unfug ausgeartet war. Ich werde dem Abusus disputandi noch ein besonderes Kapitel widmen und dabei der reformatorischen Bemühungen der Hallenser Professoren gedenken. Zu den Versuchen, die öffentlichen Disputationen wieder auf eine gesunde Basis zu stellen, sie neu zu beleben und auch weitere Kreise akademisch gebildeter Bürger zur Beteiligung zu gewinnen, gehört die erwähnte Dodecas quaestionum Thomasii.

Im Jahre 1693 erbot sich Chr. Thomasius, die Leitung eines Disputierkollegiums von Studierenden zu übernehmen. Die Absicht der Teilnehmer ging dahin, unter Thomasii Leitung und Präsidium sich im Respondieren und Opponieren öffentlich zu üben und zwar in einer durchs Los bestimmten Folge und „secundum regulas bonae disputationis." Als Uebungsstoff wurde Sam. Stryks (? = „Celeberrimi Autoris") Tractatus de Ratione Status zu Grunde gelegt. Donnerstags von 8 bis 12 Uhr, heisst es im Einladungsprogramm des Thomasius, soll disputiert werden. In den ersten beiden Stunden werden ein Respondent und zwei Opponenten über den gewählten Abschnitt des Autors disputieren, wobei Thomasius die Regeln der guten Disputation erläutern wird. Von 10 bis 12 Uhr sodann wird man das Auditorium zur Beteiligung einladen, um zu den Opponentes ordinarii noch solche

---

1) Auch der Ausdruck „semipublicae" kommt dafür vor.

extraordinarii zu gewinnen. Und damit es nicht an Stoff mangelte, stellte Thomasius jedesmal noch eine eigene besondere Quaestio zur Diskussion, die von allgemeinem Interesse war und selbst der Universität nicht mehr angehörige Einwohner von Halle heranziehen sollte. Dieser Quaestiones wegen ist die Sammlung der stattgehabten 12 Disputationen de Ratione Status mit dem Titel: „Christiani Thomasii ... Quaestionum promiscuarum historico - philosophico - juridicarum ... Dodecas" versehen worden.

Solche Collegia disputatoria gab's in Leipzig noch 1746.[1]) Es liegen mir da ein paar Gratulationsschriften zur Doktorpromotion vor: die eine „nomine Collegii Disputatorii, quod sub praesidio ... Joan. Bened. Carpzovii floret, scripta", die andere „sociorum, qui sub praesidio ... Godofr. Ludov. Mencken ... artem disserendi colunt." Aber um 1760 schreibt H. G. Bauer im Einladungsprogramm zu solchen Exercitationes disputatoriae: „Nemo nostrum ignorat, admodum rara esse hujus generis exercitia"; namentlich seien die öffentlichen und solennen Disputationen nicht zum wenigsten der Kosten wegen vernachlässigt worden. Um nun die Studierenden wieder dafür zu gewinnen, will er die Sache vereinfachen und verbilligen: „si tenues et exiguas commentationes in eam rem proponam inter amicos publice ventilandas simulque rei domesticae commilitonum indulgeam." Er hat deshalb mit Zustimmung der Fakultät kurze „disceptatiunculas" an den „publicis tabulis valvisque" als Disputierunterlage anschlagen lassen — mit welchem Verfahren man also nach 200 Jahren zur ersten Form der Disputationen zurückgekehrt ist.

Auch in Rostock herrschte um die Mitte des vorigen Jahrhunderts grosser Mangel an Respondenten. So schreibt Baleke (Rostock 1755) in der Vorrede seiner Comment. jurid. de juribus ex mutatione domicilii ...: „Ich hatte eigentlich beabsichtigt, diese Materie in einigen Dissertationen zu behandeln. Der Mangel an Respondenten hat aber mein Vorhaben vereitelt. Kein Wunder, dass auch bei uns hier, wo die Studenten nur nach Hunderten zählen, die Respondenten fehlen, wenn sogar in Jena, wo deren zu Tausend („chiliades") leben, vor einiger Zeit ein dortiger ICtus das längere Ausbleiben von Dissertationen mit den Worten entschuldigen musste: „„Man müsse sich die Respondenten fast erkauffen.""" Rebus ita comparatis hanc disquisitionem per modum commentationis prelo subdidi."

In Bützow bemüht sich 1764 noch Prof. Trendelenburg um das Zustandekommen eines Disputierkränzchens: „ut Laberem scholas Graecorum more tales fere, quales Arcesilam habuisse accepimus, quibus nec solus ego loquerer, nec illi semper et unice audirent, sed nos omnes quasi aequali jure colloqueremur et omnes docere ac discere videremur". Es fanden sich fünf Studierende, die die „dialectorum

---

1) In Jena kehrt Mitte des 17. Jahrh. unter den Glückwünschenden bei stattfindender Disputation eine „Societas disquirentium" wieder.

regulas de disputandi arte" beobachtend erst inter privatos parietes sich übten und dann auch in publicum hervorgingen, um über irgend ein Thema zu disputieren.

Mit diesem letzten Beispiel betreten wir aber bereits das Gebiet der Privatdisputationen.

Kapitel 5.
Die Privatdisputationen, Disputationes privatae.

Vor einigen Jahren entstand zwischen den Herren Köhler und Roquette im Petzholdtschen Anzeiger für Bibliographie etc. und im Centralblatt für Bibliothekswesen [1]) eine Kontroverse über den Charakter der alten Universitätschriften, bei der mit den missverstandenen Begriffen der Disputationes publicae und privatae Fangball gespielt wurde. Ich überhebe mich der Mühe, in die Einzelheiten des litterarischen Streites einzugehen, da es der Zweck der vorliegenden Arbeit ist, das Disputationswesen an den deutschen Universitäten in umfassenderer Weise, als es in jenen Publikationen geschah, zu behandeln. Mit Recht hat Herr Roquette die Köhlerschen Behauptungen von der Autorschaft der akademischen Disputationen als völlig unzutreffend bezeichnet; aber den Grundirrtum des Herrn Köhler, der in seiner teils unzulänglichen, teils falschen Charakterisierung der öffentlichen und Privatdisputationen enthalten war, hat er nicht aufzudecken vermocht. Aus diesem Grunde ist jener Streit unentschieden geblieben.

Was unter den Disputationes publicae zu verstehen ist, habe ich im zweiten und dritten Kapitel auseinandergesetzt. In diesem Kapitel handelt es sich um das Wesen der Privatdisputationen. Richtig erkannt hat es Stintzing in seiner „Geschichte der deutschen Rechtswissenschaft." Seine Ausführungen haben mir zwar nicht die Wege gewiesen, aber doch erleuchtet. So recht versteht man ihn erst, wenn man sich selbst mit dem Gegenstand beschäftigt hat.

Wir unterscheiden noch heute auf Universitäten öffentliche und private Vorlesungen. Die Wenigsten kennen den Ursprung derselben. Ohne ihre Geschichte haben aber diese Benennungen heutzutage gar keinen Sinn. Denn gehalten werden beide Arten von Vorlesungen in ganz gleicher Weise, in öffentlichen Lehrsälen, zugänglich jedem akademischen Bürger. Dass die einen bezahlt werden, die anderen nicht, dass jene inhaltlich wichtiger sind, als diese, das wird durch

---

1) Carl Sylvio Köhler, die Auctorschaft und Katalogisirung der akademischen Dissertationen. Neuer Anzeiger f. Bibliographie u. Bibliothekswissensch. Begründet von Jul. Petzholdt. Augustheft 1886.
A. Roquette, Zur Frage der Autorschaft älterer Dissertationen. Centralblatt f. Bibliotheksw. IV. Jahrgang. 8. Heft 1887.
Die Auctorschaft und Katalogisirung der akademischen Dissertationen. Replik von Carl Sylvio Köhler und Duplik von A. Roquette. Ebenda 10. Heft 1887.

jenen Zusatz öffentlich, bezw. privat auch nicht einmal angedeutet. Die Sache lag aber bis ins 16. Jahrhundert so. Der gesamte akademische Unterricht war öffentlich, die Lecturae, Lectiones, Scholae wurden samt und sonders in ganz gleicher Weise nach Vorschrift der Universitätsstatuten gehalten. Den betreffenden Fachlehrern war aufgetragen, an den und den Wochentagen zu den und den Stunden ihre Bücher zu lesen, zu analysieren und zu interpretieren, wobei nicht bloss das Quid?, sondern auch das Quomodo? näher bestimmt war. Für diese Lehrthätigkeit bezogen die Professoren das Gehalt ihrer Stelle; die Studenten zahlten nichts an sie.

Die Erfolge dieser Lehrweise waren aber im Ganzen sehr gering. Da cursorisch gelesen wurde über eine Disziplin, die sich durch mehrere Jahre hindurchziehen konnte, so bestand der wissenschaftliche Ertrag für die Studierenden, die kamen und gingen, in Bruchstücken. Die Not drängte zur Abhülfe; sie wurde gefunden in den Privatvorlesungen (lectiones privatae im Gegensatz zu den lectiones ordinariae, cursoriae oder publicae, wie die offiziell vorgeschriebenen nunmehr heissen durften). Zu dem Zwecke eröffneten namentlich jüngere Universitätslehrer ihre Bereitwilligkeit, intra privatos parietes Collegia von Studierenden zu versammeln und mit ihnen wissenschaftliche Materien nach vereinbarter Methode durchzunehmen. Bereits in den Wittenberger Statuten von 1508 ist von diesen Privatlectionen neben den offiziellen öffentlichen die Rede. So heisst es z. B. von der theol. Fakultät: „Poterit etiam private quis profiteri, sine tamen ordinariarium lectionum praejuditio" — und von den Artisten: „Praeterea statuimus, ut Magister privatim erudiens discipulos, quos alii domicellos appellant, sub poena perjurii et exclusionis ab uno non exigat per annum ultra . . . aureos."

Der Name Collegia für diese privaten Veranstaltungen findet sich noch nicht im Wittenberger Statut; er mag sich später eingebürgert haben, als mit dem steigenden Widerwillen gegen die althergebrachte schwerfällige scholastische Lehrweise das Schwergewicht des akademischen Unterrichts sich mehr und mehr den Privatvorlesungen zuneigte.

So wie mit den Lektionen verhielt es sich nun auch mit den Disputationen. Ihre Veranstaltungen waren ebenso wie die lectiones ordinariae und im Anschluss an dieselben vorgeschrieben; es waren die praktischen Uebungen neben den theoretischen Vorlesungen, und zwar wie diese öffentlich, von Universitäts wegen organisiert und auf bestimmte Tage (Mittwoch, Sonnabend und Sonntag) und Stunden verlegt.

Die Lust zur Teilnahme daran seitens der Studenten mag nicht eben gross gewesen sein trotz der Geldprämien, die dafür ausgesetzt waren. Einmal wird der Mut des öffentlichen Auftretens bei bescheidenen Jünglingen ehedem wie heute selten gefunden worden sein, und dann litten diese offiziellen Disputierübungen an dem Mangel des

Systems rücksichtlich der einzuübenden Materien. Eine planmässige Durchführung und methodische Handhabung war doch nur möglich, wenn auf eine wohlvorbereitete Teilnehmerschaft gerechnet werden konnte.

Aus diesem Grunde hatten die Universitäten bereits die Cirkulardisputationen den öffentlichen zur Seite gegeben. Damit war aber den Studierenden nicht hinlänglich gedient. Sie beschritten also den Weg der Selbsthilfe. Ohnehin bereits bezüglich der Lektionen auf Privatunterricht verwiesen, vereinigten sich gleichstrebende Kommilitonen unter einem selbstgewählten Lehrer zu Disputierkränzchen, die dann einerseits zu Vorübungen für die öffentlichen Disputationen, andrerseits aber auch, neben den Privatvorlesungen, zu tieferem Eindringen in die zu erlernende Wissenschaft dienen durften.

Für diese privaten Disputierübungen scheint der Name Collegia zuerst aufgekommen zu sein. Ich finde die ersten Spuren davon in den Ingolstadter Disputationen der sechziger und siebenziger Jahre des 16. Jahrhunderts.

In der Vorrede zur Disputation de jurejurando, die unter dem Präsidium des Johannes Richardus Ossanaeus vom Respondens M. Martin Goeselius zu Ingolstadt 1572 gehalten wurde, heisst es, dass jene „salutaria privatarum concertationum collegia jam dudum" eröffnet worden seien, und die Entstehung derselben schildert recht anschaulich die Vorrede zur Disputation des M. Chilianus Berchtoldus, Praeside Nicolao Everhardo, Conclusiones de aeditione, Ingolstadii 1573, wie folgt.

„ . . . hujus Catholici et celeberrimi Ingolstadiensis gymnasij J. U. prudentissimi consultissimique Professores, praeceptores nostri fidelissimi, insuper attendentes (quod et Seneca Philosophus gravissimus attestatur) magnam vitae partem hominibus elabi male agentibus, maximam nihil agentibus, totam aliud agentibus, rarum esse qui aliquod pretium tempori ponat, ideo nullam viam rationemque nullam, qua auditores suos brevissimo compendio ad juris prudentiae arcana introducerent, sibi praetermittendam judicaverunt. Ad hanc rem autem cum frequens exercitium, velitationes ac argumentorum collationes momenti plurimum habere intellegerent: privata quaedam collegia ipsorum ope et consilio instituta sunt, in quibus non pauci nobiles et honestissimi juvenes, reipublicae et suis privatim utilitatibus consulentes se jam exercent per tempus non exiguum, e quibus plurimi (tanquam ex equo Trojano) effusi in arenam publicam descendere non dubitaverunt ac conclusiones ex intimis sacrarum Legum penetralibus desumptas publice proponere discutiendas."

Ob aber der Ursprung der Collegien in Ingolstadt selbst zu zu suchen sei, muss dahingestellt bleiben. H. Meibom († 1625) verlegt ihn in seiner „Oratio de academiae Juliae primordiis et incrementis" nach Köln, von wo die Sitte über Marburg nach Helmstedt gelangt sei. Ob er Recht hat, wird schwer zu ermitteln sein.

Die Universitätsstatuten aus dem 16. und 17. Jahrhundert erlauben ausdrücklich den ordentlichen Universitätslehrern Privatunterricht gegen Honorar zu erteilen, nur durften die offiziellen Lectiones darunter nicht leiden.[1]) Aber auch andern Akademikern, Doktoren, Magistern und älteren Studenten wurde unter gewissen Kautelen die Erlaubniss gewährt, collegia privata zu eröffnen.

Was damals geduldet wurde, ist heute das Herrschende geworden. Ehedem waren die öffentlichen Hörsäle den Privatkollegs verschlossen: Collegia privata hiessen sie, weil sie stattfanden „inter privatos parietes", „inter privatos lares." Heute stellen sie den eigentlichen akademischen Unterricht dar, die Auditorien haben sie längst erobert, und die öffentlichen Vorlesungen, deretwegen eigentlich der Titel Professor publicus geschaffen ist und die gratis zu halten sind, führen nur noch ein kümmerliches Dasein.

Ursprünglich waren die Collegia das, was heutzutage neben ihnen wieder die Seminarübungen vorstellen. Sie verfolgten wesentlich praktische Zwecke; dies hinderte allerdings nicht, dass der Professor, der das Kolleg leitete, darin auch eine methodische Darstellung seiner Wissenschaft gab. Denn die Form, in der das geschah, war wieder dem Charakter des Uebungsinstituts angepasst. So treten denn die Disputationes privatae auf neben den Disputationes publicae, ganz so unterschieden davon wie die Lectiones privatae von den Lectiones publicae.

Innerhalb eines Collegiums fanden sie statt, und insofern das Collegium disputierte, war es ein Collegium disputatorium, wie wir es schon bei den Circulardisputationen kennen lernten, jedoch mit dem Zusatz: „privatum." Es lässt sich nicht leugnen, dass, abgesehen von der Oertlichkeit, die Formen beider einander sehr gleichen, weshalb auch ältere und neuere Schriftsteller (z. B. Stintzing) hier nur von Privatdisputationen sprechen, ohne der sogenannten „circulares" zu gedenken.

Aber es ist festzuhalten, dass die Circulardisputationen von der Universität als solcher zur Supplierung der öffentlichen Disputationen, als diese der Kosten wegen und aus Mangel an methodischer Behandlung vernachlässigt wurden, zum grossen Theil gratis eingerichtet wurden, also ein etatsmässiges Institut der Universität selbst bildeten, während die Initiative zu Privatdisputationen den einzelnen Lehrern, wie den Studenten selbst überlassen blieb. Den Cirkulardisputationen waren die Auditorien geöffnet, die Privatdisputationen wurden inter privatos parietes gehalten; jenen mussten die Professoren unentgeltlich präsidieren, bei diesen fanden Honorarabmachungen statt.

Neubauer[2]) definiert nun die Privatdisputationen folgendermassen:

---

1) Vgl. die Marburger Statuten von 1653; die Erfurter von 1634; die Wittenberger von 1508.
2) A. a. O.

"Restat ultima disputationes habendi ratio, easque privatas, qua themata de materiis utilibus in calamum dictata in utramque partem disputando diiudicantur. Quae ratio .. admodum laudanda, quod ad publicas disputationes aliquando habendas nos praeparet." Und in Uebereinstimmung damit schreibt Stintzing[1]): „Für die Exercitationes schreibt der Professor Abhandlungen, in welchen er ein Stück des Systems nach dem anderen methodisch in Thesen darstellt. Die Dissertation wird den Mitgliedern des Collegiums diktirt oder zum Abschreiben überlassen, dann auch, zunächst für sie, in Druck gegeben. Aus den Schülern wird einer zum Respondens ernannt, dessen Name bei der Drucklegung auf dem Titel erscheint. Seine Aufgabe besteht darin, bei den Exercitationes den Inhalt der Dissertation zu vertreten, also die einzelnen Sätze zu beweisen, zu erläutern und gegen die Einwürfe und Fragen zu vertheidigen, welche von den übrigen Mitgliedern des Collegiums erhoben werden. Dies ist die Disputatio privata."

Hierzu ist indess zweierlei zu bemerken:

1. Dass auch im Privatkollegium, ganz ebenso wie bei den öffentlichen Circulardisputationen bisweilen ein Autor durchdisputirt wurde. Als Beispiel diene: „Collegii institutionum Justinianearum privati Disputatio XV. De successionibus ... quam ... sub praesidio Helfrici Ulrici Huonii U. J. D. Suis ... Dnn. Collegis privatim exercitii gratia ... examinandam proponit Gerhardus Grunewaldt Lubec. Witebergae ... Anno 1612"; sowie „Ad librum II. Institutionum Imperialium disputatio III. De servitutibus tam realibus quam personalibus. Ad cuius enuntiationes sub praesidio Du. Abrahami Henrici Novifori privati exercitij ergo ... respondebit Andreas Ursinus ... (Vitebergae) 1590." Letztere Disputation widmet Ursinus seinen Mäcenaten: „... vobisque ... has ... primitias theses ..., quarum Patrocinium proximis diebus in Collegio disputantium privato suscepi ac pro viribus defendi, inscribo ac offero."

2. Dass auch die Selbstthätigkeit der Mitglieder bei Anfertigung der Dissertationen in Anspruch genommen wurde und keineswegs immer der Präses diese Arbeit vollzog. Das lag ja doch auch in der praktischen Tendenz des Collegiums: die Teilnehmer wollten eben disputieren lernen und zwar sowohl schriftlich wie mündlich. Es waren Privatschulen der Dialektik und Rhetorik, Uebungschulen wissenschaftlicher Schriftstellerei und lateinischer Beredsamkeit und speziell Vorschulen für die öffentlichen akademischen Disputationen.

Einen Vorzug hatten die privaten Disputationen noch vor den öffentlichen. Da jeder äussere, nicht in der Sache selbst liegende Beweggrund wegfiel, so erfüllten sie in weit höherem Masse den Zweck aller Disputationen, der in der Ermittelung der Wahrheit besteht. Picus von Mirandola pflegte zu sagen, dass diejenigen Disputationen

---

1) A. a. O. II, 27.

von Nutzen seien, „quae animo placido veritatis causa privatis in locis etiam semotis arbitris exercentur"; wogegen jene nur Schaden stifteten, „quae ad ostentandam doctrinam et captandam auram popularem publice haberentur." Und Gumpelzhaimer, bei dem ich diese Stelle lese, fügt hinzu: Publicae disputationes privilegio hoc gaudent, quod disputationibus excutiant pavorem, qui saepe linguam impedit, audaciamque loquendi comparent ... Contra privatis haec praerogativa concessa est, ut liberius in veritatem inquirere, dubia urgere et defectum supplere liceat ..."

„Aus den Collegien", schreibt Stintzing, „geht eine Form der Litteratur hervor, welche längere Zeit mit Vorliebe gepflegt wird. Die gehaltenen Disputationen, von dem Professor redigirt, werden in Sammlungen vereinigt herausgegeben."

Ueber diese Sammlungen will ich hier noch ein kurzes Wort einschalten und verweise des weiteren auf Kapitel 7 von der Autorschaft der Disputationen.

Das Wort Collegium[1]) erfuhr schon frühzeitig eine Umdeutung. Ursprünglich bezeichnete es eine Vereinigung von Personen, die gleiche Studienzwecke verfolgten. Dann wurde es der Name für die von einem solchen wissenschaftlichen Zirkel behandelte Materie. In diesem Sinne erscheint das Wort Collegium auf Titelblättern von Sammlungen der über einen bestimmten Gegenstand gehaltenen Disputationen. Als Beispiel führe ich an:

„Collegium juris publici continens octo discursus, in quibus de Romani Imperii initiis ... agitur. Ex permissu Amplissimae Facultatis Juridicae Academiae Jenensis Praesidente Christophoro Beindorfio ... A nobilissimis ... juvenibus ..., quorum nomina singulis discursibus praefixa leguntur, propositos et excussos. Jenae. Typis Tobiae Steinmanni. Anno 1619."

Beindorf ist im Oktober d. J. der Herausgeber der Sammlung, doch sind die Disputationen vom Juli bis September einzeln erschienen auf Veranlassung des jedesmaligen Respondenten. Beindorf widmet die Sammlung („Collegium hocce") irgend einem Gönner, aber auch die einzelnen Disputationen sind zum Theil von den betreffenden Respondenten ihren Gönnern und Mäcenaten gewidmet.

Nicht immer haben die Respondenten ihre Privatdisputationen einzeln drucken lassen (wahrscheinlich nur dann, wenn sie dieselben als Fleisszeugnisse verwenden wollten); in diesem Falle erschienen die Sammlungen natürlich ohne Einzeltitelblätter, die Namen der betreffenden Respondenten aber finden sich dann entweder am Kopf jedes eine Disputation umfassenden Abschnittes, oder sie sind zusammen der Vorrede eingefügt.

Weiter ist zu bemerken, dass die gesammelten Disputationen

---

1) Die Bedeutung von Collegium = Konvikt, wonach z. B. noch heute in Wittenberg die Collegienstrasse geheissen wird, hat hiermit nichts zu thun.

keineswegs immer, wie man aus Stintzings Beschreibung schliessen
könnte, in einem inneren Zusammenhang stehen, so dass sie etwa bestimmte Gebiete einer Wissenschaft erschöpfend darstellten. Auch erstrecken sich die Sammlungen nicht bloss auf die „aus den Collegien
hervorgegangenen" Privatdisputationen, wie sie in einem Viertel- oder
halben Jahre zu Stande gekommen sind, sondern umfassen auch Circular- und öffentliche Disputationen aus kürzeren oder längeren Zeiträumen, wobei dann die Verbindung oft nur eine ganz äusserliche,
durch den Namen des Präses bedingte ist.

Eine Sammlung öffentlicher Cirkulardisputationen liegt
offenbar vor in den „Selectiorum controversiarum Exercitationes" (I-XII),
die unter F. A. Lüdeckens in Wittenberg 1692 (Oktober bis Dezember)
gehalten sind. Die einzelnen Titelblätter lauten an der betreffenden
Stelle übereinstimmend: „Publice Dnn. commilitonum Disquisitioni
subjicit Auctor" (folgt der Name des Respondenten).

Ferner erschienen in Leipzig 1705: „Illustris Jacobi Bornii ...
Selectae dissertationes, maxime ad forum Saxonicum accommodatae, et
ad desiderium multorum denuo recusae." Es sind fünfzehn Disputationen aus den Jahren 1662—93, unter denen sich auch die Inauguralschrift Borns befindet.

Ein Jahr später (1706) wurde zu Güstrow eine Sammlung gedruckt, die sich nennt: „Volumen dissertationum juridicarum de selectis
utriusque juris materiis ... in academia Rostochiensi praeside Johanne
Klein ... Publicae Ventilationi Expositarum." Sie reicht zurück bis
zum Jahre 1679.

Diese Sammlungen, ganz zu geschweigen von den mehrbändigen
Strykschen, Thomasinsschen u. a., haben offenbar mit einem Collegium
privatum gar nichts zu thun. Vielfach sind sie auch von Buchhändlern
ohne Wissen und Willen der betreffenden Gelehrten herausgegeben.

Wie aber sonst auch, abgesehen von den Privatkollegien, solche
Sammlungen öffentlicher Disputationen von den Professoren selbst besorgt wurden, kann man aus der Vorrede der S. 4 zitierten Altdorfer
öffentlichen Disputation von Busereut-Gartz, 1587, ersehen. Dieser
schreibt: „Professores enim cum praelectionibus suis diligentissimis et
eruditissimis perpetuam disputandi exercitationem conjungunt idque
satis, ni fallor, disputationum volumina in publicum hactenus edita
& deinceps ... edenda et testantur et testabuntur." „So hat denn
auch jetzt wieder", heisst es weiter, „Prof. Busenreut eine Reihe von
(277) Sätzen über Legate ausgearbeitet und zum Zwecke eingehender
Beleuchtung und Begründung zur öffentlichen Diskussion gestellt: da
habe ich mich denn entschlossen, disputandi onus subire et in me
derivare ..."

Hiernach sind solche Sammlungen anzusehen als öffentliche
Denkmäler des Studienfleisses auf einer bestimmten Universität unter
einem bestimmten Professor, der damit seinem eigenen Rufe nicht
minder, als dem der Universität diente.

In dem Masse, wie das Schwergewicht des akademischen Unterrichtes von den Lectiones publicae auf die Privatkollegs überging und letztere selbst in den Auditorien gehalten wurden, verwischten sich auch die Unterschiede zwischen den verschiedenen Arten der Disputationen. Die Privatdisputationen werden zu öffentlichen und unterscheiden sich äusserlich gar nicht mehr von den circulares; das Collegium privatum wird zu einem Collegium publicum.

So hält in Wittenberg 1658 Gottfried Suevus ein Collegium feudale in 12 Exercitationes, die er unzweifelhaft den Respondenten „in calamum" diktiert hat; gleichwohl fanden, wie die Einzeltitelblätter besagen, die Disputationen öffentlich in auditorio ICtorum statt. Dasselbe gilt von dem Collegium criminale publicum des Präses Martini, das er 1669 in gesammelten 10 Disputationen unter dem Titel „Jurisprudentia criminalis" hat erscheinen lassen. Aus Jena liegt mir von 1680 ein „Collegium publicum ad Titul. ult. Digestorum de diversis regulis juris antiqui" vor, das Petrus Müller in einer langen Reihe von Disputationen gehalten hat.

In Halle erweitert Dan. Friedr. Hoheisel 1725 sein Collegium disputatorium privatum, nachdem die Theilnehmer genügend eingeübt sind, zu einem publicum. Er schreibt darüber in seinem Einladungsprogramm an die ganze akademische Jugend der Fridericiana: „Hactenus quidem dominos commilitones meos intra musei nostri parietes indefessum discendi studium continuit: Nunc autem profectuum fiducia eos extra privati auditorii limina in publicum omnium conspectum profert, protrahit, protrudit, quare sequenti, quem sors ipsis assignavit,[1]) ordine cathedram mecum adscendere ac de materiis subjectis publice disserere constituerunt. (Folgen die [8] Namen und Themata.) Quae Vobis, Honoratissimi Domini Commilitones, ideo indicanda censui, tum ut praemonerem, me non, more in collegiis disputatoriis recepto, meras theses, sed integras meditationes, succinctas quidem, cohaerentes tamen, examinibus hisce publicis subjecturum (Präses Hoheisel ist also der Verfasser); tum ut ... Vos rogarem, velitis frequentissima praesentia Vestra calcaria nobis addere, sponte currentibus."

Endlich erwähne ich noch, dass auch auf der neu gegründeten Georgia Augusta die Privatdisputationen von Anfang an den Charakter der Cirkulardisputationen annahmen. In dem Programm des Prof. Senckenberg von 1737, betitelt: „Praelusio, qua disputationes feudales, a ... quibusdam commilitonibus in auditorio suo suscipiendas, omnibus quorum interest indicat ...", heisst es am Anfang: „Disputationes per stata temporum interualla in circuli quasi forma redeuntes instituere visum", und am Schluss: „Ad ipsam Disputationum rationem quod attinet, inter nos hanc conventionem inivimus, ut singulis Saturni diebus, ab hora ante meridiem VIII. usque ad X. negotium hocce

---

1) Also ganz so wie bei den Circulardisputationen.

peragamus, opposituris ex eorum, qui Collegio meo Juris feudalis intersunt, ordine lectis, nostri copiam facturi, exteros etiam, si forte interesse voluerint, tum admissuri. Cynosura Disputationum harum erunt Capita mei Juris feudalis Compendii, singulis vicibus indicanda."

Dieses Senckenbergsche Unternehmen gleicht also durchaus dem auf S. 36 geschilderten Thomasiusschen, der Quaestionum Dodecas, nur mit dem Unterschiede, dass es sich an sein Privatkolleg anlehnt, während Thomasius ein Collegium disputatorium ad hoc zusammenberief. —

Ein Rückblick auf das bisher Gesagte fördert nun folgende Erkenntniss. Ursprünglich wurde auf Universitäten nur in einer Weise gelehrt und in einer Weise disputiert, beides öffentlich nämlich. Aus praktischen Gründen entsteht vom 15. Jahrhundert her neben den mehr feierlichen Disputationes publicae die einfachere und dem Uebungszweck besser dienende Form der Disputationes circulares. Es kommen sodann die Privatkollegien auf, in denen gleichfalls gelesen und disputiert wurde. Anfänglich ausserhalb des Bereiches des akademischen Unterrichts stehend dringen sie im Laufe des 17. und 18. Jahrhunderts allmählich in die Hörsäle ein und erobern sie ganz und gar. Damit werden auch die Disputationes privatae wieder zu öffentlichen und absorbieren namentlich die Circulardisputationen. Im 18.—19. Jahrhundert verschwinden die Privatdisputationen, da die Collegia an die Stelle der Lectiones publicae gerückt sind, und demnach die mit ihnen verbundenen Uebungen auch für die alten Disputationes ordinariae eintreten. Bald aber beschränken sich die öffentlichen Disputationen nur noch auf die Inauguraldisputationen, und endlich verlieren bei der modernen Gestaltung des akademischen Unterrichtes die öffentlichen Disputationen so sehr ihre ursprüngliche, wie jede Bedeutung, dass nicht einmal mehr die Verteidigung kurzer Thesen zur Erlangung der Doktorwürde für nötig erachtet wird.

Kapitel 6.

Die Bedeutung und Aufgabe des Praeses.

Es sind zu unterscheiden die Disputationen der Respondenten und die Disputationen der Präsiden, je nachdem das Interesse für die Veranstaltung der Disputation auf Seiten des Respondenten oder des Präses gelegen war. Jener nimmt einen Präses zu Hülfe, dieser einen Respondenten. Nicht selten wird aber auch auf diese Hülfe verzichtet, so dass dann das Titelblatt der Disputierschrift nur einen Namen trägt.

Der Gebrauch ist sehr mannichfaltig gewesen; er weicht ab sowohl bei den verschiedenen Akademien, als auch bei den verschiedenen Fakultäten einer und derselben Universität. Die Exercitationes academicae und Specimina academica erscheinen in der Regel (Ausnahmen bestätigen sie) als Respondenten-Disputationen mit einem Präses; nicht so die Inauguraldisputationen. Diese mussten auf manchen Universitäten (Altdorf, Basel, Giessen, Leipzig, Marburg, Strassburg u. a.) in langen Zeiträumen ohne Präses gehalten werden. Besonders geschwankt hat das Verfahren in Erfurt. Nach den älteren Statuten mussten alle Disputationen sub praesidio vor sich gehen: so bis zur Mitte des 17. Jahrhunderts hin. Danach erlaubte man dem Candidaten auf das obere Katheder zu treten und nebst einem Respondenten zu disputieren. Später fand man es wieder unzulässig, einem noch nicht Graduierten das obere Katheder zuzugestehen, und bestimmte, dass der Dekan präsidiere; nur besonders tüchtigen Kandidaten wurde die Auszeichnung zu Teil, sine praeside auf dem untern Katheder zu stehen, „in welchem Falle doch der Decanus Praeses a latere ist, nur dass er auf dem Titul der Dissertation nicht gesetzt wird" (Motschmann, Erfordia literata, 2. Forts. 1734. S. 154 f.). Aber auch davon wurde von der Fakultät dispensiert, „wenn etwa ein Candidat bereits in einer ansehnlichen Station steht, z. E. Professor ist etc. oder besondere meriten hat" (Motschmann a. a. O.). In diesem Falle wurde ihm wieder das obere Katheder und ein Respondent erlaubt. Zahlreich sind die Beispiele dieses Verfahrens aus dem Anfang des vorigen Jahrhunderts. Sächsische Juristen (Advokaten, Notare, Syndici) gehen massenhaft, in reifem Mannesalter, bisweilen nach Jahrzehnte langer Entfernung von der Universität, nach Erfurt, um dort noch pro licentia zu disputieren. Sie bedürfen des Präsidiums nicht mehr, sie haben auch nicht nötig, noch eine Probe ihrer Disputierfertigkeit abzulegen, sie wählen sich also unter den Studierenden (von denen wohl mancher, dessen Namen auf solchen Doktor-Dissertationen öfters wiederkehrt, ein Geschäft daraus machte) einen Respondenten und überlassen ihm die Verteidigung.

Auf Leipziger Inauguraldisputationen, den juristischen wenigstens, ist mir der Präses erst im 18. Jahrhundert begegnet, wogegen es ganz ungebräuchlich war, die gewöhnlichen Disputationen sine praeside zu halten. Die Vorrede von 1667 zur Neuauflage der Zeithopfschen Disputation aus 1640 „De jure occidendi..." sagt darüber: „... volui defendere utpote per annos plurimos in Academiis versatus sine Praeside; sed Incluta Facultas Juridica... mihi denegavit, eo quod sine Praeside disputare hic esset aliquid novi, id quod Facultas admittere dubitaret." Dieselbe Abweisung erfuhr 1670 Tobias Dietrich von Burkersrode mit seinem Schediasma de recognitione feudi. Er giebt es also, nachdem ihm verweigert wurde „in cathedra sine praeside defendere, quod esset aliquid insoliti", als selbständige Schrift im Verlage von Joh. Georgi heraus. Wie gesagt aber, wird vom 18. Jahrhundert ab in Leipzig auch von den Juristen inauguraliter sub praesidio disputiert. Jedoch erst in den 30er Jahren. Noch um 1725 sagt der Prokanzler Dondorff in einem Einladungsprogramm zu Doktor-Renunciationen von einem Kandidaten, dass er seine Disputatio inauguralis „sine Praeside, prout moris est" verteidigt habe.

In Wittenberg hat man dies als Regel bis zur Aufhebung der

Universität in diesem Jahrhundert festgehalten, und nur mit besonderer Bewilligung ist bei Inauguraldisputationen davon abgesehen worden. So hat z. B. M. Jungwirth 1797 juristisch inauguraliter disputiert und zwar, wie auf dem Titelblatt steht: „sine praeside quod Principis Electoris Serenissimi est beneficium." Und 1804 disputiert der Mediziner Iphofen („de Cretinismo") ebenfalls ohne Präses: „in quo singularem Principis Electoris Saxoniae Serenissimi pie veneratur indulgentiam", schreibt der Dekan im Einladungsprogramm.

In Tübingen ist wohl ständig, noch bis in die 60er Jahre dieses Jahrhunderts hinein, in der medizinischen Fakultät, ebenso wie in München, sogar bis auf den heutigen Tag sub praesidio disputiert und promoviert worden, wenigstens ist mir aus früheren Jahrhunderten keine (auch Doktor-) Disputation ohne Präses zu Gesicht gekommen, während z. B. in dem benachbarten Strassburg die (juristischen) Inauguraldissertationen von Anfang an ohne Präses gehalten worden sind. U. s. w. Es ist unmöglich, das Verfahren der verschiedenen Universitäten hier im Einzelnen durchzugehen. Es mag genügen an einigen Beispielen die Verschiedenheit des Gebrauchs erläutert zu haben. Erwähnen will ich bloss noch, weil dieser Fall für die Katalogisierung bemerkenswert ist, dass auf den alten Kölner (Inaugural-) Disputationen — es liegen mir solche vor aus den Jahren 1635, 1764 und 1780 — z w e i Professor-Präsiden vorkommen und zwar heissen sie: der erste Facultatis juridicae Dictator, der andere Facultatis juridicae Fiscus. Ob und in welchem Masse sich beide Präsiden an der öffentlichen Disputation beteiligt haben, muss ich dahingestellt sein lassen. —

Die Exercitationes academicae und Inauguraldisputationen sind nun nicht die einzigen uns überlieferten Disputierschriften. Es gehören dazu auch die Responsiones pro loco oder, wie wir sie heute nennen, Habilitationen. Es sind Praeses-Disputationen mit oder ohne Respondenten. Das Verfahren ist hier und da auch wieder verschieden gewesen. Während z. B. in Frankfurt die Statuten der medizinischen Fakultät von jedem neu ernannten Lehrer eine „honorifica facta pro loco responsio" verlangen, der sich dann der Betreffende als Präses mit einem Respondens unterzog (vgl. z. B. Albinus [Ortlob Resp.] 1681), und auch in Halle Disputationen pro loco ganz ebenso unter Hinzunahme eines Respondenten stattfinden, hatten die Habilitationen in Leipzig im 17. Jahrhundert ein mehrmaliges Disputieren ohne Respondens zur Voraussetzung. Die betreffenden Disputierschriften tragen dann den Vermerk: „Prima vice" oder „Priori vice", bezw. „Altera (posteriori, auch ultima) vice disputabit N. N." In Marburg wird im 17. Jahrhundert gleichfalls pro loco „more majorum", jedoch ohne Respondens disputiert; z. B. Otto Philipp Zaunschliffer, 1685, de privilegiis Professorum. —

Welche Aufgabe hatte nun aber der Präses, namentlich im Falle der öffentlichen Disputation eines Respondenten zu erfüllen? So lange die Disputationen selbst einfache dialektische Uebungen waren, beschränkte sich die Mitwirkung des Präses darauf, dem jugendlichen Respondenten vom oberen Katheder her Beistand zu leisten und darauf zu achten, dass die Disputierenden nicht abschweiften, sondern bei der Stange blieben. Auch die Handhabung der parlamentarischen Disziplin, wie wir heute sagen würden, mochte ihm zufallen, soweit sie nicht in den Händen des mitanwesenden Dekans oder Rektors lag.[1]) In der Vorrede zur juristischen Disputation des M. Chilianus Berchtold, praeside Nicolao Everhardo, Ingolstadt 1573, wird jedoch die Aufgabe des Präses so beschrieben: „Solet enim is ... non solum fortiter pugnantibus praesens adesse animumque addere, sed et collabentes erigere, rebus jam quasi desperatis, tanquam heros hostium tela in clypeo excipere."

Danach fiel dem Präses nicht bloss die Rolle eines Unparteiischen zu, sondern er war wesentlich Beschützer und Helfer im Streit, wie Athene dem Hektor beistand. Er geleitete den Respondenten in die Palästra und lehrte ihn ritterlich ringen, „mascule certare", und da der Respondent sein Schüler und Schützling war, so sorgte er natürlich auch dafür, dass Alles zum guten Ende ging und dem jugendlichen Verteidiger der Sieg wurde.

So ist es nun natürlich nicht immer gewesen. Diese weitgehende Mitwirkung des Präses konnte nur dann eintreten, wenn für ihn ein starkes persönliches oder sachliches Interesse mithineinspielte, d. h. wenn der Respondent sein sonderlicher Schutzbefohlener (Haus- und Tischgenosse) war und dieser in ihm seinen Tutor, Patronus, Praeceptor und Promotor studiorum verehrte[2]) oder wenn die Disputation gleichzeitig eine Präsesdisputation war.[3])

Fand diese Voraussetzung nicht statt, so mochte wohl die Auffassung Thomasius' gelten, der in der Vorrede zur Quaestionum Dodecas schreibt: „.... addebatur Praeses Directoris loco, ne a methodi disputandi disputantes aberrarent", eine Aufgabe, die um so geringfügiger war, je besser sich die Disputierenden aufführten.

Auch Conring in Helmstädt scheint mehr der objektiven, parteilosen Stellungnahme des Präses zugeneigt gewesen zu sein, wie aus der S. 4/5 angeführten Zuschrift an Naaman Bensen hervorgeht. Er betrachtete ja die Disputationen nur als διαλεκτικῆς γυμνασίας, in denen der Respondent zeigt, was er in der Verteidigung, der Opponent,

---

1) Vgl. die Leipziger Statuten. „Placuit, quod decanus in qualibet disputacioni ordinaria baccalariorum aut vicedecanus sit praesens ad insolencias baccalariorum et sociorum, si quae fierent, compescendas."
2) In diesem Sinne rechtfertigt sich das bisweilen auf Dissertationen vorkommende „sub umbone".
3) z. B. Disputatio solennis exhibens facti speciem controversam, Quam .... in hac alma Wilhelmiana .... Examini Praeses Joh. Henr. Kleinschmidt J. U. D. Ob nuperrime demandatam Professionem Juris Ordinariam, Respondens vero Christ. Eberh. Kameytsky ab Elstibors Francus, Speciminis Academici loco ... 1693 submittent. Marburgi Cattorum.

was er in der Bekämpfung der aufgestellten These vermag, wobei der Präses von Amts wegen den conflictus moderator spielte[1]), der auf die Sache sah, nicht auf die Personen.

Genug, im allgemeinen können wir sagen: der Präses fungiert als parteilose Amtsperson bei den Inauguraldisputationen und in allen den Fällen, wo kein näheres persönliches Verhältnis ihn mit dem Respondenten verband; er ist anteilnehmender Lehrer bei den Exercitationes disputatoriae; endlich er ist Mitverteidiger der aufgestellten Thesen, wenn er selbst, und nicht der Respondent, der eigentliche Disputant ist, um dessentwillen die Disputation angestellt wurde.

Nun kommt aber noch eine andere Seite der Sache in Betracht, die von solcher Wichtigkeit ist, dass ihr ein besonderes Kapitel gewidmet werden muss. Sie betrifft die Ausarbeitung der Disputierschrift.

Ursprünglich war es, wie schon erwähnt, Sitte, die öffentliche Disputation mit kurzen, programmatischen Thesen anzukündigen, deren Begründung dem mündlichen Akt vorbehalten blieb, wie etwa Luther noch — wenn es erlaubt ist, Kleines mit Grossem zu vergleichen — seine 95 Sätze zur Verteidigung ankündigte. Hier kam nun wenig darauf an, wer der Verfasser der Thesen war oder woher dieselben stammten. Meist waren sie wohl aus den Vorlesungen der Lehrer selbst zusammengetragen. Dass auf dem Titelblatt zwei Namen, der des Präses und des Respondens, erschienen, hatte also weniger Bezug auf den Inhalt der Druckschrift, als vielmehr auf den bevorstehenden Akt der mündlichen Disputation. Nur in Beziehung auf diese sind ja die Bezeichnungen: Praeses und Respondens entstanden und haben sie Sinn. Die Titelblätter dieser alten Universitätsschriften bedeuten daher weiter nichts als die Ankündigung einer dann und dann stattfindenden Disputation, deren Gegenstand zur Vorbereitung für etwaige Opponenten meist eine Woche vorher gleichzeitig mitveröffentlicht wurde.

Als man nun aber aus Gründen, die z. T. wohl mit der Verbreitung des Buchdrucks zusammenhingen, anfing, die Thesen schon für den Druck wissenschaftlich auszuarbeiten und Themata aufzustellen, die in einem förmlichen Discursus behandelt wurden, da wurden die akademischen Disputationen ihrer ursprünglichen Einfachheit entkleidet, die **Disputierschrift** gewann neben der **mündlichen** Disputation selbständige Bedeutung, sie ward ihr darin gleich, sie überholte sie darin im Laufe der Jahrhunderte so vollständig, dass heutzutage nur noch ein pietätvoll konservierter Rest jenes mündlichen Verfahrens übriggeblieben ist, ein Schatten der alten Herrlichkeit.

---

1) Das ebenfalls auf Titelblättern vorkommende „moderante" oder „sub moderamine" drückt diese neutrale Stellung viel unzweideutiger aus als jenes „Praeside" und „sub praesidio". Das sich auch zwischendurch findende „Moderante ac Praesidente" dürfte als ein wohlklingender Pleonasmus zu betrachten sein.

Hier erhebt sich nun die Frage nach der Autorschaft jener Disputierschriften, deren Titelblätter nach wie vor in althergebrachter Weise die mündliche Disputation des Respondenten N. N. unter dem Präsidium des X. Y. auf den und den Tag und die und die Stunde dem akademischen Coetus ansagen.

Kapitel 7.
Die Autorschaft der akademischen Disputationen.

Eine allgemeine Regel lässt sich hier gar nicht aufstellen, da die grösste Mannichfaltigkeit geherrscht hat. Bald schreibt der Präses die Disputation, bald der Respondens, bald arbeiten beide zusammen daran, bald ist keiner von beiden der Verfasser. Der Titel verrät im allgemeinen nichts davon. Wie erklärt sich diese Erscheinung? Ganz offenbar aus dem Umstande, dass immer noch die mündliche Disputation als der Zweck der vorliegenden Veröffentlichung betrachtet wurde. Nur in Beziehung darauf sollte sie gelten, dort fand sie ihre Kritiker, dort konnte sie im Einzelnen näher begründet, erweitert und verbessert werden. Ihr Charakter als akademische Gelegenheitsschrift unterschied sie von sonstigen literarischen Publikationen, für welche die öffentliche Kritik einen bestimmten Verfasser verantwortlich macht. Im Buchhandel erschienen sie ausserdem nicht, es sei denn, dass eine zweite Auflage nötig wurde. Warum also sollte sich Einer, sei es der Präses oder der Respondens, ausdrücklich noch zur Verfasserschaft bekennen? Die Verantwortung trugen beide, mindestens der Respondens, gegenüber der akademischen Corona von Opponenten, und ausserhalb dieses Kreises waren sie, wie H. Conring[1]) bemerkt, Niemandem für den Inhalt der Druckschrift verantwortlich. Dass nichtsdestoweniger mancher Respondens sich noch das Epitheton ornans „auctor" beilegte, geschah mehr ad majorem ipsius gloriam. Im übrigen blieben die sogenannten Titelblätter das, was sie von Anbeginn, wo sie noch in Plakatformat angeschlagen wurden, gewesen waren, öffentliche Ankündigungen einer bevorstehenden Disputation. Im Falle nun aber einer Disputierschrift, wie das mehr und mehr Gebrauch wurde, selbständiger wissenschaftlicher Wert zukam, wird man doch nicht umhingekonnt haben, nach dem eigentlichen Verfasser zu fragen. Gewiss; aber ganz allgemein ist es vor 200 Jahren und später noch Sitte gewesen, die akademischen Disputationen unter dem Namen des Präses zu zitieren und zu katalogisieren. Den Nachweis werde ich weiter unten führen.

Lässt sich also auch die Frage nach dem Verfasser der Disputierschrift nicht allgemein gültig beantworten, so ist doch im Einzelnen Manches darüber zu sagen.

---

1) Vgl. Kap. 1.

Die Möglichkeit einer Publizistik und demnach auch einer für weitere Kreise berechneten wissenschaftlichen Schriftstellerei war erst mit der Entdeckung der Druckkunst gegeben. In den akademischen Dissertationen haben wir wohl die ersten Anfänge einer Literaturproduktion seitens gelehrter Korporationen. Aber die Druckkosten waren hoch und der Kreis der Käufer sehr beschränkt. Wissenschaftliche Zeitschriften gab es noch nicht. Wollte also ein Professor die Ergebnisse seiner Studien der gelehrten Welt mitteilen, so bediente er sich des Mittels der akademischen Disputation, d. h. er suchte sich einen Respondenten, der exercitii gratia oder studii academici rationem reddendi causa oder auch pro licentia sich bereit fand, über seine Schrift zu disputieren und — die Druckkosten zu tragen. Das Interesse des Präses verknüpfte sich auf diese Weise mit dem des Respondenten. Und manche Professoren schriftstellerten überhaupt nur in der Form der akademischen Disputationen. Albrecht Haller, der von 1746 an Sammlungen älterer medizinischer Dissertationen herausgiebt, sagt darüber in der Vorrede zum 1. Bande der Disputationum anatomicarum selectarum: „Eruditi viri, quos alii labores aut vitae genus aut impedimenta quaecunque a majoribus operibus deterrent, ingenii sui monumenta non alia saepe relinquunt praeter disputationes, quas ab ipsis conditio muneris publici postulat". Aber da aus den respondierenden Studenten doch auch einmal präsidierende Professoren werden sollten, so war dem Universitätsunterricht vom 16. Jahrhundert an die neue Aufgabe zugefallen, die Studierenden zu wissenschaftlicher oder besser — gelehrter Schriftstellerei anzuleiten. Von jetzt ab sollten die Respondenten nicht mehr bloss reden, sondern auch schreiben lernen.[1])

Demgemäss gingen auch aus der Feder der Respondenten Thesen hervor, bei deren Abfassung wir allerdings an eine mehr oder weniger weitgehende Mitwirkung des Präses zu denken haben.[2]) Diese Exercitia academica waren gleichsam die ersten wissenschaftlich-literarischen Versuche, „tirocinia", wie sie vielfach genannt werden, mit denen der Schüler unter der Leitung eines Präses-Lehrer-Professor seinen Eintritt in die gelehrte Welt inaugurierte, und seine Leistung erschien um so anerkennenswerter, je geringer die Beihülfe des Präses gewesen war. So aufgefasst aber sind die „Titelblätter" nicht mehr bloss Bekanntmachungen der mündlichen Disputation und Einladungen dazu, sondern wirkliche den Inhalt deckende Buchtitel. Die Schrift selbst ist aber gemeinsames Eigentum beider, des Präses und des Respondens. Hatte nun also die Universität die Aufgabe übernommen, in den praktischen

---

1) Vgl. die weiter unten zitierte Vorrede zu S. Stryk, Dissert. jurid. Francof. ... vol. I. Francof. 1692. 4.
2) „Reddo tibi", schreibt Ludovici in Halle 1706 an einen Respondenten Meves, „quam mihi obtulisti Dissertationem ...... In qua pauca mutavi, pauca etiam adjeci, ita ut nihilominus optimo jure Tua dici potest, cum non autor mihi fueris ut ego eandem conscriberem, sed ipse illam proprio Marte, ad mentem meam tamen, conscripseris".

Uebungen ausser zum mündlichen, auch zum schriftlichen Gebrauche des überlieferten Wissens anzuleiten, so wird man es selbstverständlich finden, wenn Universitätsstatuten des 17. Jahrhunderts (z. B. von Strassburg, Erfurt und Marburg) den Doktoranden die selbständige Anfertigung einer Disputierschrift auferlegen, und man kann sich nur wundern, dass dies nicht überall, in Tübingen z. B. noch bis in die Mitte dieses Jahrhunderts hinein nicht, der Fall gewesen ist.

Da nun aber die Wissenschaft nicht fortschritt, sondern bis in das vorige Jahrhundert hinein wesentlich von der Ueberlieferung zehrte, so erschöpfte sich bei der Massenhaftigkeit der Produktion der Stoff, und es wurde immer schwieriger für eine Dissertation ein Originalthema zu finden. Namentlich trifft dies für die juristischen Disputationen zu. So sagt A. Becker, Halle 1700: „Imprimis autem ad illustrationem Jurisprudentiae plurimum conduxisse Disputationes publicas certum est, quibus ex more Academiarum vetustissimo singulares casus, negotia, leges atque controversiae resolvi explicarique consueverunt, qua ratione factum, ut numerus Disputationum juridicarum in tantum excreverit, ut etiamnum quandocunque aliquod thema publico loco discutiendum, nisi crambem bis coctam apponere velis, necessum sit diligentissime inquirere, num forte ab alio jamdum pertractata sit materia proponenda".

Daraus erklärt sich nun einerseits der Umstand, dass wir bei den Disputationen des 17. und 18. Jahrhunderts oft auf die abstrusesten, unsere Verwunderung in hohem Masse erregenden Titel stossen, andrerseits auch das allmähliche Aufhören der akademischen Disputationen, event. die Rückkehr zum alten einfachen Verfahren. Nimmt man hierzu noch, dass nach den Verwüstungen, die der dreissigjährige Krieg auch im Schulwesen angerichtet hatte, sowie unter dem Einflusse des eindringenden französischen Wesens[1]) die Vorbildung der Studierenden im Gebrauche der lateinischen Sprache, wie überhaupt die Wertschätzung derselben erheblich herunterging,[2]) so wird man sich nicht wundern,

---

[1]) Schon begegnen wir in der zweiten Hälfte des 17. Jahrhs. französisch geschriebenen Vorreden zu lateinischen Disputationen.

[2]) Um 1737 war das Uebel bereits so gross geworden, dass Prof. Mantzel in Rostock in seiner Einladung an die Studierenden zu praktischen Zusammenkünften klagen musste: Die Collegia Disputatoria würden verabscheut. „Denn die meisten haben nicht soviel Latein gelernet, dass sie sich getrauen, ohne Anstoss einen Casum zu setzen; Und noch wenigere haben soviel von der Vernunfft-Lehre gefasset, dass .... sie ... (den) Begriff eines Dinges heraus finden können ... und tröstet uns Juristen nur, dass wir von denen andern Faculteten gleiche Klagen hören." Zwei Jahre später erschien in Greifswald die erste deutsch geschriebene akademische Dissertation. Da dieser Fall für die Geschichte des deutschen Universitätswesens merkwürdig ist, so gebe ich hier den Titel: „Oeconomisch-Juridische Anmerckungen über des Herrn C. Herm. Schwerlers Tractat vom Anschlagung der Güther in Pommern, sonderlich auf die Gebräuche des Landes Vor-Pommern und Rügen gerichtet. Welche unter dem Vor-Sitz des Herrn Augustin Baltzers,... der geneigten Beurtheilung

dass am Ende bei dem Bemühen, den akademischen Usus disputandi festzuhalten, dem Präses nicht bloss die Anfertigung der Disputierschrift, sondern sogar die öffentliche Verteidigung bei der nichtsbedeutenden Gegenwart des Respondenten gänzlich zufiel.

Hierauf bezieht sich die energische Klage Chr. Thomasius' in seinem berühmten Einladungsprogramm zur Dodecas quaestionum, 1693. Er irrt aber, wenn er allein den Personen Schuld giebt, was doch auch in der Sache und in den Zeitverhältnissen begründet lag.

Sieht man nun von den überall vorgekommenen, von menschlicher Schwachheit ausgegangenen Missbräuchen ab, so kann man im allgemeinen über die Autorschaft der verschiedenen akademischen Disputationen folgendes Urteil fällen.

1) Die Disputationes ordinariae solemnes, desgleichen alle übrigen sogenannten Präses-Disputationen waren vom Präses verfasst.

2) Die Circulardisputationen vom Respondenten unter Anleitung des Präses.[1]

3) Die Disputationes valedictoriae, besonders aber die Inauguraldisputationen in der Regel vom Respondenten.

4) Die Privatdisputationen waren im 16. Jahrhundert Diktate des Präses. Später galt von ihnen, was von den Circulardisputationen gesagt ist, d. h. die Respondenten wurden zu selbständiger gelehrter Schriftstellerei angeleitet.[2] Für alle übrigen noch vorkommenden

der Gelehrten, in diesem zweyten hundert jährigen Academischen Jubel-Jahr. Wegen der vom Hertzoge Philippo I. Im Jahr 1539. um Martini geschehenen Wieder-Einrichtung hiesiger Academie, am 20sten Tage des Monaths April 1739. unterwirfft Friederich Achats von Usdohm. Greiffswalde, gedruckt von Hier. Joh. Struck, Univers.-Buchdr." 4°.

In der Vorrede entschuldigt sich der Verfasser, „dass diese in deutscher Sprache abgefasste Schrifft, wieder den bisherigen Gebrauch, in Form einer Academischen Disputation eingekleidet, da vielleicht dieses scriptum das erste seyn möchte, so in deutscher Sprache pro Cathedra publice zu ventiliren aufgegeben worden".

1) In Rostock schrieben Ende des 17. Jahrhunderts die Professoren auch die Cirkulardisputationen, um nur überhaupt noch die Disputierübungen aufrecht zu erhalten. Die offiziellen solennen Disputationen der Professoren waren, wie J. Sibrand 1688 in dem S. 27 erwähnten Programm schreibt, schon gänzlich ausser Gebrauch gekommen („ob Respondentium inopiam in desuetudinem pene abiere"). Folgendes ist der Titel einer Rostocker Cirkulardisputation von 1690: Rectoris Academiae Rostochiensis Johannis Festingii Disputatio circularis De motivis studiorum, cupidine lucri & honoris. Respondente Christophoro Roselero... P. P. a. 1690 die XXII. Sept. in Audit. Maj.

2) Das S. 43 angeführte Beindorfsche Collegium de Romani Imperii initiis ist von den Respondenten unter Anleitung des Präses zusammengeschrieben. Beindorf schreibt selbst in der Vorrede: „... Quae causa mihi etiam fuit, cur superioribus mensibus nobilissimis ac Doctissimis quibusdam viris juvenibus, qui se in disputando exercere cupiebant, auctor essem, ut hanc potius materiam quam aliam seligerent, discursus inde conscriberent ed ad discutiendum eos proponerent. Qua in re si quid laude dignum praestiterunt, faveat illis ingenuus lector... Mihi praeter praesidium illorum laboribus quicquam vel addere vel demere religio fuit. Methodum vero, quam secuti sunt, non nego me commendasse illis."

Arten von Disputationen habe ich aus der Vergleichung Tausender keine Regel abstrahieren können. Das ganze grosse Heer der üblichen Exercitationes academicae ist wohl als gemeinsames Eigentum Beider, des Präses und des Respondenten, anzusehen, wenn nicht gar zum grösseren Teil Ersterem allein zuzusprechen. Lässt sich nun aus diesen allgemeinen, im Einzelnen unsicheren Aufstellungen für die Bibliographie der alten Universitätsschriften irgend eine praktische Bestimmung treffen? Und welche?

Es wird gut sein, wenn wir uns zuvor das Verfahren der Zeitgenossen um die Wende des 17. bis 18. Jahrhunderts genauer ansehen und dann erwägen, ob Gründe vorliegen, davon abzuweichen oder dabei zu verharren.

Ich habe mich bemüht zu ermitteln: 1) wie die Präsiden selbst ihr Verhältnis zur Disputierschrift auffassten; 2) unter wessen Namen die Buchhändler etwaige Neudrucke mit vereinfachtem Titelblatt auflegten; 3) wem die älteren Bibliographen die Disputationen zurechneten.

Dass zunächst die Präsiden über ihre eigenen Disputationen ohne Rücksicht auf den Respondenten selbständig verfügten, erscheint nicht weiter auffällig. So lässt z. B. in Duisburg 1717 am 26. Juni und 10. Juli Everh. Otto als Präses disputieren über das Thema: De nuptiis consobrinorum. Am Ende des Jahres vereinigt er die beiden Dissertationen unter einem neuen Titelblatt und dediziert das Ganze mit den angehängten ersten akademischen Titeln und Corollarien. In Leipzig disputiert 1723 der Magister Car. Henr. Heegius als Praeses de titulomania eruditorum. Sein Besitzrecht an der Schrift dokumentiert auch er durch die Dedikation; er ist der Verfasser. Daneben laufen nun aber auch Exemplare derselben Disputation, die statt der Widmung des Präses eine solche des Respondenten Jo. Godofr. Stubelins enthalten. War dieser nun auch nicht der Verfasser, so hatte er doch durch die öffentliche Verteidigung der Schrift und wahrscheinlich auch durch die Beisteuer zu den Druckkosten ein Anrecht darauf erworben. Bisweilen gesteht auch in einem solchen Falle der Respondent selbst, dass er nicht der Verfasser sei. „Cliens hujus scripti" nennt sich z. B. der Respondens Holtzendorff in einer Wittenberger Disputation von 1648, die Henr. Coselius als Praeses-Verfasser vorgelegt hat, und ausdrücklich giebt er mit den Worten: „hoc, in Academica quidem cathedra, dato specimine" zu verstehen, dass als sein specimen eruditionis nicht die vorgelegte gedruckte, sondern die ex cathedra gehaltene mündliche Disputation gelten möge. Auffällig ist aber die Freiheit, mit der die Präsiden über die Arbeiten der Respondenten wie über eigenes Gut disponierten. So disputiert z. B. in Jena 1670 Joh. a Ronnen unter dem Präsidium Joh. Geo. Simons über „Tempora praescriptionum." In seinem Glückwunsch bestätigt der Präses ausdrücklich die Verfasserschaft des Respondenten:

„Eminet ex thesibus conscriptis, optime Ronne,
Ingenium felix sedulitasque tua."

Im nächsten Jahre veranstaltet der Präses Simon eine neue
revidierte Auflage, die er einem Herrn Stisser widmet. Und doch
nimmt er keinen Anstand, in der Widmung wiederum seinem Respondenten die Arbeit zu vindizieren, er erklärt vielmehr offen: „. . . ante
anni spatium . . . . Johannes a Ronnen Stadensis difficilem illam simul
ac spinosam de Temporibus praescriptionum materiam elaborare aggressus
est, quam etiam . . . publici exercitii loco in consueta ICtorum Cathedra
meo, quali quali, sub Praesidio defendit. . . ." Wie wir aber weiter
erfahren, hat der Präses die Disputation revidiert und nicht wenige
Stellen, die in der ersten Ausgabe fehlten, eingeschaltet. Noch ist
das Titelblatt unverändert. Im folgenden Jahre 1672 jedoch lässt ein
im übrigen unveränderter (zweiter) Neudruck auf dem Titelblatt das
„Auctor" beim Namen des Respondenten bereits fort. Die Neuauflagen
und Sammlungen von Disputationen, die unter dem Präsidium irgend
eines Professors von Ruf gehalten worden sind, werfen überhaupt
helles Licht auf die Beziehungen der Präsiden und Respondenten zu
einander und zur Disputierschrift.

Von den Thomasiusschen hat Köhler (Centralbl. f. Bbl.) behauptet,
dass die meisten wohl nicht aus Thomasius' Feder stammen. Er mag
Recht haben. Nichtsdestoweniger wird man solche Präsides als Autoren,
jedoch im Sinne von Urheber der einzelnen Disputationen gelten lassen
und kaum monieren können, dass sie die Sammlungen unter ihrem
Namen herausgegeben haben. Wer anders, abgesehen von den Buchhändlern, sollte denn solche Neudrucke, falls sie verlangt wurden,
veranstalten? Die meisten der Respondenten sahen und hörten jedenfalls nach ihrem Abgange von der Universität nichts mehr von den
gehaltenen Disputationen, die für sie nur eine vorübergehende, rein
äusserliche Bedeutung gehabt hatten.

Samuel Stryk, der 1692 zu Frankfurt, und später in Halle eine
Sammlung der unter seinem Präsidium herausgekommenen Dissertationen
besorgt, spricht sich in der Vorrede an den Leser über das ganze
Verhältnis mit wünschenswerter Deutlichkeit aus. Danach hat er nicht
bloss Autoren wie „Brunnemanni et Sutholti Exercitationes ad Instituta",
sowie die „Disputationes Schnobelianas ad Pandectas" wiederholt durchdisputieren lassen, sondern auch die Studierenden zu selbsteigener Ausarbeitung von Disputationen angehalten. „Praestiterunt hoc non sine
felici successu, & inde factum, ut honesta aemulatione altero alterius
vestigiis insistente, annis non adeo multis fere centum Juris nostri materiae speciales, sub mea qualicunque Directione elaboratae ac
publicis Disputationibus subjectae."

Diese Disputationen sind nun in der vorliegenden Sammlung vereinigt. „Hoc tantum monendus es, Lector benevole, indulsisse me
Nobilissimorum Auditorum genio & ingenio, quo, quid sentirent,
libere exponerent nec in mea jurarent verba. Unde nolim me Auc-

torem omnium sententiarum in his Dissertationibus comprehensarum, aestimes."

Die Respondenten sind also wirklich auch die Verfasser aller dieser Disputationen gewesen, als deren intellektuellen Urheber sich aber der Präses Stryk selbst hinstellt. Und zwar sind es nicht nur blosse Exercitia, sondern auch Inauguraldisputationen pro gradu, die dieser Sammlung angehören. Alle sind sie öffentlich gehalten worden „in auditorio ICtorum": die Inauguraldisputationen, wie allgemein üblich, „horis ante- & pomeridianis", die übrigen „horis consuetis, solitis, horis ab VIII. matutinis", und alle werden sie von Bibliographen wie Witte, Jöcher, Zedler und andern Schriftstellern unter Stryks Namen zitiert.

Von ganz ähnlicher Beschaffenheit ist die schon (S. 44) angeführte Sammlung juristischer Dissertationen des Rostocker Professors Klein von 1706. Auch sie enthält Disputationen (darunter Inauguraldisputationen), für die der jedesmalige Respondens mit Recht die Verfasserschaft beanspruchen darf.

Genug. Das Gesagte beweist, dass die Präsiden selbst die Disputationen ihrem Namen zuschrieben, gleichviel ob sie von ihnen oder vom Respondenten verfasst waren.

Indes muss ich hier noch einige Worte über die Autorschaft der Inauguraldisputationen einschalten, um das, was S. 13 ff. über letztere gesagt ist, nach dieser Seite hin zu vervollständigen.

Ursprünglich unterschieden sie sich wohl in nichts von den sonstigen öffentlichen Disputationen, weder was die Form des Disputationsaktes, noch was das Titelblatt (= Ankündigung jenes) der Disputierschrift anlangt. Wenigstens liegen mir aus dem 16. Jahrhundert (z. B. von Ingolstadt) Disputationen vor, gewöhnliche und inaugurale, deren Titelblätter durchaus keine auffällige Verschiedenheit zeigen. Erst aus Vorrede und Widmung erfährt man, ob es sich gegebenen Falls um eine Promotionsschrift handelt.

Später wurde es bei den meisten Universitäten Sitte, die Inauguraldisputationen ausdrücklich als solche zu bezeichnen und — besonders in der juristischen Fakultät — ohne Präses zu halten. Das lässt sich z. B. von Altdorf, Basel, Duisburg, Harderwijk, Leipzig, Giessen, Marburg, Strassburg für das 17. Jahrhundert nachweisen. Anzunehmen ist dabei dann auch, dass die Promovenden die Disputierschrift in Uebereinstimmung mit den Fakultätsstatuten oder -beschlüssen selber verfasst haben.

So sagt z. B. Fetzer, Strassburg 1664, in der Vorrede zu seiner ohne Präses gehaltenen Inauguraldisputation, dass er zwar schon oft disputiert habe, öffentlich und privatim, jedoch nur über die Arbeiten seiner Lehrer, nicht über eigene; dann aber fährt er fort: „Nunc vero ... ut exantlato eum Tentamine Examine Rigoroso[1]) Legibus ... obtem-

---

[1]) Auf den meisten Universitäten waren in allen vier Fakultäten diese beiden Examina pro Licentia resp. pro Magisterio vorgeschrieben. Das Ten-

perem, scilicet ut Disputationem a me elaboratam aliquam ....
Inaugurali ventilationi subjiciam, & hac in parte deesse nolui, praesertim, quando minime me latet, petituro aliquando Summos in utroque Jure Honores, ut exoptatam studiorum metam attingere valeam, nonnisi simili via eundum."

In Jena disputiert 1674 Cunrad Limmer (allerdings Praeside Falckner) inauguraliter De jure pignorum. Ganz ähnlich wie der Strassburger schreibt er in der Vorrede:

„Quum exantlatis nunc Examinibus cursoriaque Lectione pro Gradu habita, Disputationem Inauguralem pro more & Jubentibus ita Statutis Academicis ex jure edere constitueram....". Dies stimmt überein mit dem, was Achatius Lud. Carl Schmid, Zuverlässige Nachricht von ... der Akademie zu Jena, 1772, im § 52 über die Disputationen des 17. Jahrhunderts berichtet: danach lag es den Kandidaten ob, die Inauguralschrift selbst auszuarbeiten; „der Präses solle also für die Ausarbeitung nichts nehmen." [1])

Auch in Halle, dessen 200jähriges Jubiläum bevorsteht, scheint von Anfang an die selbständige Abfassung der Inauguralschrift allerdings sub praesidio gefordert worden zu sein. Ausnahmen bestätigen hier die Regel. So legt Crusius 1697 blosse Thesen (de jure circa titulos honorum) vor, weil er eiligst von der Behörde nach Hause berufen worden ist, verspricht aber: „ipsa dissertatio plenior propediem sequetur."

Der Magdeburger Advokat Promovendus Mühlmann lässt 1699 auch bloss Thesen drucken „loco inauguralis dissertationis"; er entschuldigt dies aber mit der „temporis augustia, qua per instantem actum promotionis Doctoralis premor."

Wie streng aber der Präses mit der ihm zur Zensur eingereichten Inauguraldisputation verfuhr, geht aus der Zuschrift Thomasius' an den Kandidaten Rube, 1697, hervor, dem er die Arbeit „in secundis curis poliendam" zurückgiebt. Damit aber der Bewerber nicht ganz umsonst nach Halle gekommen war — er ist Advokat und hat nicht viel Zeit zum Verweilen — und wenigstens öffentlich, wenn auch noch nicht

---

tamen, privatim vor der Fakultät, entschied über die Zulassung zu den weiteren öffentlichen Leistungen: Rigorosum, Lectio publica oder cursoria, Disputatio inauguralis. Es vertrat zugleich die Stelle der ausser Gebrauch gekommenen Baccalariatsprüfung.

Die erwähnten Strassburger Leges lauten aber für die juristische Promotion: [Nach dem Examen rigorosum] „soll dem Candidato abgezeigt undt aufgelegt werden, dass er eine disputationem inauguralem schreiben undt sine praeside defendiren ... oder da er der Candidatus ad disputandum nicht expeditus, eine lectionem cursoriam halten solle."

Ebenso lautet die Vorschrift in der medizinischen Fakultät. Bei den Theologen war nur der Unterschied, dass die Inauguraldisputation vor dem Examen rigorosum stattzufinden hatte und zwei Tage währte.

[1]) Schmid's Quellen sind die Visitationsprotokolle u. -dekrete nebst den verbesserten Statuten von 1653.

pro gradu, disputieren konnte, so schrieb nun Thomasius über dasselbe Thema — Problema juridicum an haeresis sit crimen? — seine Gedanken (übrigens in einer von ihm beliebten, sonst ungewöhnlichen Form des Dialogs) nieder, für die dann Rube als Respondent auftrat.

Wie es in Marburg gehalten worden ist, sieht man sehr deutlich aus den Universitätsstatuten von 1653. Sonst muss ich allerdings gestehen, dass mich die Statuten andrer Universitäten, wie Basel, Ingolstadt, Tübingen, Heidelberg, Giessen, Erfurt, Leipzig, Wittenberg bei meiner Suche nach der Autorschaft der Disputierschriften ziemlich im Stich gelassen haben.

In Marburg nun hatte der Doktorand nach bestandenem Tentamen dem Dekan seiner Fakultät eine eigene Inauguraldisputation einzureichen[1]), die derselbe den Kollegen zur Zensur vorlegte, worauf dann eventuell das Imprimatur erteilt wurde. Die mündliche Disputation fand, wie die Titelblätter beweisen, dem entsprechend vielfach ohne Präses statt.

Auch für die übrigen Disputierschriften enthalten die Marburger Statuten Bestimmungen. Im allgemeinen mussten sie von den Präsiden geschrieben werden, doch wurde es auch älteren Studenten gestattet. So heisst es von der theologischen Fakultät:

„Ipsi praesides conscribant disputationes: studiosis ne permittant scribendas, nisi forte ex singulari eaque gravi causa veteranis, quorum probe perspecta est eruditio, hac parte aliquid de facultatis consensu concedendum judicetur, idque etiam non crebro."

Die juristische und die medizinische Fakultät bestimmen:

„Studiosis, cumprimis veteranis, ut disputationes ipsimet conscribant, easdem a Praeside et Decano Facultatis approbatas imprimi curent, permittitor."

---

1) Ob vor Erlass dieser Statuten ebenso verfahren worden ist? Aus 1641 habe ich folgende Disputatio inaug. de pignorationibus ... Quam sub praesidio Divini Numinis ... in ... Academia Marpurgensi pro summis in utroque jure honoribus ... publico ... examini subjicit ... Martinus Müller. Der Prof.-Präses fehlt. Ist aber Müller der Verfasser? Die Disputation beginnt: „Quod bene vertat Deus. Thesis I. Sequuntur nunc aliae quoque Constitutiones ..." Dazu heisst es in der Anmerkung: „Quemadmodum illud in disputationibus praecedentibus abunde expositum & otiosum hic pluribus repetere ..." Müller nennt sich auch in der Widmung keineswegs Autor. Wer ist es nun? Es lohnt sich wirklich nicht für Bibliothekszwecke, der Verfasserschaft der alten Dissertationen nachzuspüren.

Die Marburger Statuten von 1653 sind übrigens nach dem Muster der Giessener, oft in wörtlicher Uebereinstimmung gearbeitet. Aus den von Wasserschleben 1881 herausgegebenen ältesten Statuten der Ludoviciana ist das freilich nicht ersichtlich; W. giebt auch nur einen sehr unvollkommenen Auszug. Ein vollständiger Abdruck der das Promotionswesen behandelnden Titel 65 bis 72 findet sich, was vielleicht wenig bekannt ist, im Appendix zu Jo. Christ. Itteri de honoribus sive gradibus academicis Liber, Editio nova, Francofurti ad Moenum 1695. 4.

Und auch die philosophische will: „Studiosis provectioribus disputationes conscribendi facultas ne denegator."

Was wir so ausführlich in den Marburger Statuten festgesetzt finden, wird wohl im allgemeinen überall Brauch gewesen sein. Besondere Verhältnisse scheinen jedoch in Tübingen und zwar bis in die neueste Zeit hinein obgewaltet zu haben, und ich halte es in bibliothekarischer Hinsicht für wichtig genug, hierüber einiges mitzuteilen.

In den Statuten der Universität habe ich zwar keinerlei Bestimmungen über die Verfasserschaft der Disputierschriften gefunden. Hat man sich aber mit den letztern einigermassen vertraut gemacht, so versteht man zwischen den Zeilen zu lesen und erkennt aus „Herzog Friedrichs zu Würtemberg Ordination der Universität zu Tübingen de An. 1601" (in Joh. Jac. Mosers Erläutertes Würtemberg. Teil 2. 1729.), dass den Professoren die Abfassung der Disputationen zugekommen ist. So wird z. B. in der medizinischen Fakultät verordnet: „... [es] solle jeder Professor des Jahrs zum wenigsten ein Disputation hallten, die seye pro gradu, oder Exercitii gratia, darzue sie die Complentes ad gradum pro Respondentibus gebrauchen sollen, wann nicht vorhanden, die für sich selbsten zu disputiern begehren." Ganz ähnlich lautet eine Bestimmung der juristischen Fakultät. Wenn somit den Professoren das Disputieren jedweder Art zur Pflicht gemacht wurde, so zwar, dass sie sich eventuell auch noch um die Respondenten bemühen mussten, so werden sie im allgemeinen wohl auch die materielle Unterlage für die mündliche Disputation haben beschaffen, d. h. die Disputierschrift oder Dissertation, wie der später dafür aufgekommene Name lautet, schreiben müssen. Herr Köhler hat behauptet, dass alle öffentlichen Disputationen = Promotionsschriften von den Respondenten verfasst worden seien, während die Privatdisputationen Arbeiten der Präsiden gewesen seien. Folgender Fall ist allein schon geeignet, seine ganze Theorie über den Haufen zu werfen.

Aus Tübingen liegen in den Jahren 1703 bis 1721 zwanzig Disputationen vor unter dem Titel: „Collatio juris civilis Romani cum recessibus Imperii Rom. Germ." ... Sectio I., II., ... XX., sämtlich unter dem Präsidium von Michael Grass. Es sind nun teils (und zwar grösstenteils) wirkliche Inauguralschriften, ausdrücklich pro licentia etc. bezeichnet, teils gebräuchliche Valediktorien, die hinter das vierjährige Studium den üblichen Denkstein setzen, bei andern ist der äussere Anlass zur Disputation überhaupt nicht angegeben. An Privatdisputationen ist hier gar nicht zu denken, sie sind alle publice gehalten worden. Und wer ist der Verfasser? Kein anderer als der Präses Grass. Folgt schon aus dem Titel und dem innern Zusammenhang der Disputationen, dass Grass bei allen mindestens der intellektuelle Urheber gewesen, so lässt der Hinweis von der einen auf die folgende, z. B. in Sectio VII. mit den Worten: „... reliqua ad hanc classem pertinentia proxime secuturae sectioni reservantes", den Präses auch als den Schreiber erkennen. Dazu bekennt er sich endlich im Schlusswort der zwanzigsten und letzten Disputation selbst. Hier verspricht er einen zweiten Teil dieser Collationen und stellt gleichzeitig eine Neuauflage dieses ersten, aus 20 Sektionen bestehenden in Aussicht. Jener zweite Teil folgt dann auch vom Jahre 1722 ab: von ihm gilt ganz dasselbe, wie vom ersten.

Hier liegt also offen zu Tage, dass der Präses die Inauguraldissertation schreibt. Das Ganze beweist, dass man in Tübingen die mündliche Disputation, wie in alten Zeiten, als die Hauptsache ansah; den schriftlichen Text dazu mochte suppeditieren, wer wollte, der Präses oder der Respondens — oder auch keiner von beiden.

Keiner von beiden? Wen soll man dann als Verfasser katalogisieren?

Der Fall ist folgender. Eberhard Draing disputiert am 10. Mai 1716 öffentlich de auctoritate publica ad pignoris ... constitutionem necessaria. Diese Schrift hat ihm der sel. Prof. Harpprecht zum grossen Teil noch auf dem Krankenbette in die Feder diktiert. Aus Pietät gegen den (1714) verstorbenen Lehrer beschliesst Draing die Veröffentlichung und gewinnt als Präsiden den Prof. Schweder, der auch die letzte Feile an die Schrift legt. Rühmend erkennt es der Rektor Pfaff in seiner Zuschrift an den Respondenten an: „Praesertim pietas tua in praeceptores tanta est, ut in lineis B. Harpprechti posthumis in lucem publicam protrudendis respondendo obstetricari non obstantibus impensis curisque adhuc aliis[1]) decreveris."

Was folgt hieraus für die Katalogisierung der alten Universitätsschriften? Man muss sich daran gewöhnen, hier gar nicht nach dem Verfasser zu fragen, sondern einfach unter dem Namen des Präsiden einzutragen. Auf die Flagge, die ein Schiff führt, kommt es weniger an, als darauf, dass es seetüchtig sei. Und so ist die Hauptsache in der Bibliothek nicht der alphabetische, sondern der Realkatalog. Um ihres Inhalts willen liest man die Bücher.

Die guten Tübinger sind nun aber noch bei der alten Sitte geblieben, als die akademischen Disputierübungen schon längst ausser Gebrauch gekommen waren, mindestens ihre Bedeutung verloren hatten.[2]) Noch in diesem Jahrhundert werden dort Doktordissertationen von den Präsiden verfasst. Namentlich gilt dies von den medizinisch-naturwissenschaftlichen Dissertationen der 20er und 30er Jahre unter Mohl, Schübler und Gmelin, auch Autenrieth. Die Professoren verfahren wohl je nach Wunsch des Kandidaten. Entweder schlagen sie bloss das Thema vor, oder sie helfen zum geringen oder grössern Teil bei der Arbeit, so dass diese in Wirklichkeit gemeinsames Eigentum ist,

---

[1]) Draing hat nämlich bald darauf auch noch inauguraliter disputiert.

[2]) Dass noch heute auf den Tübinger und Münchener medizinischen Dissertationen ein Präses figuriert, ist im Hinblick auf die ursprüngliche Bedeutung desselben nicht mehr recht verständlich. Mir erscheint sowohl die Bezeichnung „Praeses" wie „Respondens" heutzutage nicht mehr am Platze.

oder sie verfassen die Dissertation gänzlich. Im letztern Falle rechnen sie sie sich gegenseitig auch öffentlich zu. So zitiert z. B. Hugo Mohl in der Disputation des Bührlen (Untersuch. über die winterliche Färbung der Blätter, Tübingen 1837) im Texte die „Arbeiten von Schübler" und bemerkt da in der Note „Untersuchungen über die Farben der Blüthen; Inauguraldissertation unter dem Präsidium von Schübler. Tübingen 1825." Den Respondenten erwähnt er also gar nicht.

Weitere Beispiele. Im J. 1827 doktoriert Lud. Martini de febribus exanthematicis ... unter Präses Autenrieth. Dieser schreibt ihm im üblichen Schlusswort: „Quam tibi dissertationis inauguralis loco proposueram materiam tractandam, laudabili industria elaboravisti ... non abs re censui, scripturae tuae intexere, quae per plures annos in praxi mea ... animadvertere mihi contigit .... Nihilominus tamen partem quandam libelli hujus tuo labori adscribendam esse publice attestor."

Hat der Promovend die Schrift allein verfasst, so nennt er sich ausdrücklich Auctor, eventuell bescheinigt es die Zuschrift des Präses. In dem Sinne schreibt G. Schübler an Wilh. Romero, der 1829 eine „Chemische Untersuchung des Kannstadter Mineralwassers zur Erlangung des medizinischen Doktorgrades" vorlegt: „Postulat officii mei ratio, ut publice attester, neque experimentorum neque commentationis ... partem ulla mihi deberi; Dissertationem eandem tibi reddidi, qualem tu mihi exhibuisti."

Fehlt aber eine solche Zuschrift des Präses, so ist auch anzunehmen, dass er der Verfasser ist. Die Anwendung des Pluralis magistraticus im Text soll dann wohl dazu dienen, die Möglichkeit der Mitarbeiterschaft des Respondenten nicht von vornherein gänzlich auszuschliessen.

Auch in der staatswirtschaftlichen und juristischen Fakultät fungiert noch bis in die 60er Jahre hinein in Tübingen der Präses bei der Promotion. Beachtenswert ist aber die Zuschrift des Professor-Präses Fallati an den Doktoranden Gustav Walcher, der 1852 eine recht gut geschriebene „Geschichte der Juden in Württemberg in ihrem Verhältniss zum Staat, bis 1806" vorlegt. Darin heisst es nämlich: „Je mehr die ältere Sitte [!], ohne Zweifel mit vollem Rechte [!], abkommt, nach welcher der Präses die Dissertation für den Doktoranden schrieb, je mehr insbesondere bei der staatswirthschaftlichen Fakultät von jeher[1]) Gebrauch gewesen ist, dass die Bewerber um die Doktorwürde die unter ihrem Namen vorgelegte Abhandlung auch selbst verfassten, desto weniger bedarf es mehr als einer Andentung, dass die vorliegende Arbeit lediglich die Ihrige ist...."

Wie in Tübingen, so war's, wenigstens seit der Mitte des vorigen Jahrhunderts, auch in Wittenberg. Auch hier scheint man in

---

1) Dieselbe besteht aber erst seit Anfang dieses Jahrhunderts.

dem Zustande des Marasmus, dem das ganze Disputationswesen auf Universitäten anheimgefallen war, am Ende darauf verzichtet zu haben, vom Promovenden noch eine selbständige schriftliche Arbeit zu verlangen, wenngleich an dem Disputationsakt nach alter Sitte noch festgehalten wurde. Im Einladungsprogramm des Dekans der medizinischen Fakultät von 1757 zu einem solchen öffentlichen Akt heisst es: „[Candidatus] consueta subiit examina. Ut itaque virtutis et eruditionis praemia more majorum legitime capesseret, decretum est, ut sub Praesidio... [folgt Name] Inauguralem Dissertationem de... [Thema] publice defenderet." Fast formelhaft kehrt dieser oder ein ähnlicher Passus in sämtlichen Einladungsprogrammen der Zeit wieder.

Wenn nun die Fakultät beschloss, dass der Kandidat unter dem Präses N. N. eine Inauguraldissertation vertheidigen sollte, so ist doch wohl daraus zu verstehen, dass sie der Präses auch schrieb. Die Sache wird wieder ganz sicher bei den medizinisch-naturwissenschaftlichen (botanischen) Dissertationen unter dem Präsidium Geo. Rud. Böhmers. Dieser ist der offensichtliche Verfasser einer ganzen Reihe von Inauguraldissertationen. So bearbeitet er z. B. von 1777 bis 1790 eine Spermatologia vegetabilis, deren einzelne Teile Doktoranden haben — drucken lassen; ihre Zuthaten beschränkten sich auf die angehängten „Theses a Cl. Candidato ad disputandum propositae."

In der juristischen Fakultät war's ähnlich. Immerhin ist es nicht ausgeschlossen gewesen, dass Kandidaten auch noch mit eigenen Arbeiten ans Licht gingen. So disputiert Rechtsanwalt und Notar Zangen 1793 über eine eigene Dissertation. Zur Erlangung der höchsten juristischen Würden will er „ex antiqua consuetudine [Vorschrift war es wohl also gar nicht mehr!] libellum, cujus ipse auctor est, solenniter" verteidigen. Der Umstand übrigens, dass gerade die naturwissenschaftlichen Dissertationen im 18. 19. Jahrhundert zum weitaus grössten Teile von den Professoren verfasst worden sind, illustriert vortrefflich das Uebergangsstadium von der alten akademischen Lehrmethode zur neueren. Wir haben die Anfänge wissenschaftlicher, auf Ermittelung objektiver Wahrheit gerichteter Forschung vor uns. Es ist klar, dass hier erst die Lehrer sich einüben und Proben geben mussten, bis die Schüler die Neuerung begriffen hatten und anfangen konnten, selbständig zu beobachten und zu experimentieren.

Untersuchen wir nun, wie die Buchhändler bei Neuauflagen der älteren Disputierschriften die Autorschaft behandelt haben, so finden wir es allgemein üblich, sich an den Präsiden zu halten und vom Respondenten abzusehen. Von Bechmann in Jena, Stryk, Thomasius u. A. existieren eine Menge solcher, in Neuauflagen gewöhnlich Tractatus oder Discursus statt Dissertatio und Disputatio genannten akademischen Schriften, von deren Titelblatt der Name des Respondenten, oft auch der Universität nebst allem, was an den Ursprung der Schrift erinnerte, verschwunden ist, auch wenn der Text gerade dem Respondenten die Autorschaft zuspricht.

In Jena z. B. disputiert 1684 Chr. Benj. Hertz sub praesidio Joh. Volk. Bechmann de jure numellarum. Nachgedruckt ist die Schrift mit unverändertem Titel von Paul Ehrich. Jena 1700, desgleichen Lipsiae Litteris Schedianis 1719. Mit völlig verändertem Titelblatt erschien sie aber als: „Johann Volk. Bechmann ... de jure numellarum ... disputatio juridica. Vitembergae ex officina Eichsfeldiana 1737." Hier ist also von Jena, Hertz, 1684 u. s. w. keine Spur mehr vorhanden, trotzdem Hertz der Verfasser ist und die Vorrede mit ihrem „disputationem quandam pro exercendis ingenii viribus conscribere" auf den Präses Bechmann gar nicht passt.

Ferner — eine Jenaer Dissertation von 1667 de juribus impuberum, von Henricus Linck (Resp. et Autor) sub Praes. J. Chr. Falckner gehalten, ist von Hendel in Halle, der viel nachgedruckt hat, 1720 neu aufgelegt. Das Titelblatt ist noch original, und aus dem Schluss erweist sich Linck als Verfasser. 1735 legt Hendel dieselbe Schrift nochmals auf, jetzt aber bloss mit dem Namen des Präses; das Titelblatt ist völlig neu und der Name des Linck verschwunden trotz des Schlusses und der angehängten Carmina gratulatoria, die so gar nicht verständlich sind.

Aehnlich hat Hendel die Dr.-Dissertation des Coriarius „de jure restituendae famae" behandelt. Sie wird in der Editio novissima von 1727 und 1731 einfach dem Präses Lyncker zugeschrieben mit einem kurzen „olim Mense Augusti 1668. Jenae habita." Wie flüchtig übrigens Hendel dabei zu Werke gegangen ist, kann man daraus ersehen, dass er den Original-Druckfehler 1668 statt 1678 auf beiden „Editiones novissimae" stehen lässt, trotzdem das beigebundene Einladungsprogramm des Dekans die richtige Jahreszahl 1678 trägt.

Auch von Joh. Volk. Bechmann hat Hendel zahlreiche Disputationen unter Weglassung des Respondenten neu gedruckt, obwohl Vorreden bekunden, dass gerade der Weggelassene und nicht Bechmann der Verfasser gewesen ist. Dahin gehört u. a. auch die oben genannte Disputatio „de jure numellarum."

Besonders belehrend ist folgender Fall. 1723 erschien zu Frankfurt und Leipzig die deutsche Uebersetzung einer Leipziger Disputation v. J. 1690 unter dem Titel: „Des ... Herrn D. Valentini Alberti ... Academische Abhandlung Von den Hexen Und dem Bündniss So sie mit dem Teuffel haben. Darinnen ..." Auf der Innenseite des Titelblatts findet sich nun folgender Vermerk:

„Erinnerung an den Leser. Diese Academische Abhandlung von den Hexen und ihren Umgang mit dem Teuffel, ist allhier in Leipzig den 6. Decembr. 1690. unter dem Praesidio des seel. Herrn D. Alberti, von Herrn Christian Stridtbeckh, einen Augspurger, gehalten worden. Es giebt sich zwar derselbe auf dem Titel und sonst vor den Auctorem derselben aus, allein ob man ihm gleich dieses Lob nicht streitig zu machen gedenket, so haben wir doch dieselbe lieber unter des Praesidis als unter des Respondenten Nahmen Teutsch

heraus geben wollen, weil in einem zweiffelhafften Fall das sicherste und favorabelste zu erwehlen ist, auch aller Respondenten Disputationes mehr unter den Nahmen der Praesidum, als unter ihren, noch biss diese Stunde angeführet werden."
Uebersetzer und Drucker sind nicht genannt.

Endlich erwähne ich noch den Neudruck von: Jo. Georgii Kulpis De circumventione in contractibus licita ... Dissertatio Academica. Swobaci, Literis & Sumtibus C. L. Buchta. 1688.[1]) Hier begründet der Verleger das Weglassen des Respondenten-Namen in völlig zutreffender Weise mit folgendem Satz aus dem Vorwort an den Leser: „Ita enim mos Academicus hactenus tulit, ut Doctores suis Auditoribus Disputationes, ingenii exercendi causa proponendas, subinde conscribant; horum nomen exercitio Academico praefigitur [aber doch

---

[1]) Von dieser Kulpis'schen (?) Dissertation sagt Herr Köhler frisch und froh: „Zweifellos ist die als Einzelheft [er meint nämlich, Privat- d. h. Präsesdisputationen seien nicht einzeln erschienen, sondern nur in Sammlungen als systematisches Ganzes] in einer neuen Auflage erschienene Dissertatio de circumventione in contractibus licita, welche der Herausgeber dem J. G. Kulpis zugeschrieben hat, die Promotionsschrift eines Kandidaten gewesen, welcher über dieselbe 1686 [eine Zahl, die ganz in der Luft schwebt] unter dem Präsidium des Kulpis disputierte." Köhler zitiert dann die Vorrede des Schwabacher Druckers. Diese spricht nun eigentlich gegen seine Theorie, da sie den Präses Kulpis als Verfasser benennt. Folglich hat der Drucker Unrecht. Denn „der in diesem Vorwort erwähnte mos academicus galt indes nur für die Disputatio privata des Professors, nicht aber für die Disputatio publica des Promovendus .." — eine völlig willkürliche und haltlose Behauptung. In einer Note identifiziert dann Herr K. diesen mos academicus mit dem von Stintzing beschriebenen mos Italicus und zeigt damit, dass er vom letzteren keine Spur verstanden hat.

Aber mit seinem „zweifellos" muss ich Herrn K. noch heimschicken. Die fragliche Dissertation ist gar nicht von Kulpis, auch nicht unter seinem Präsidium gehalten, auch nicht aus 1686 oder — wie der Schwabacher Drucker Buchta in der Vorrede schreibt — von anno octuagesimo —, sondern sie ist in Strassburg vom Prof. des Staatsrechts Ulrich Obrocht, Respondente Joanne Augustino Claudio Le Laboureur am 23. Dezember 1682 gehalten. Sie steht als Nr. 23 in der vom Kollegen Obrechts, Joh. Casp. Kühne, bald nach dessen Tode besorgten Ausgabe seiner Academica (Argentorati 1704). Darin finden sich Dissertationen, Reden und Programme, die alle Obrecht zum Verfasser haben. Der Herausgeber erklärt in der Vorrede wörtlich: „Nihil enim hic exhibetur, quod non pro genuino ingenii sui foetu ipse [sc. Obrechtus] agnoverit."

Man mag hiernach in Katalogen die Eintragung der Dissertation de circumventione in contractibus licita unter dem Namen Kulpis berichtigen. Die Königl. Bibliothek in Berlin hatte längst ein Fragezeichen dabei stehen; in der Sammlung der Kulpis'schen Dissertationes academicae (Argent. 1705) findet sich ja die Schrift auch nicht. Wohl hat Kulpis zur Zeit in Giessen ähnliche Themata aus Hugo Grotius de Jure Belli et Pacis behandelt, daraus mag dann wohl der Irrtum des Druckers entstanden sein. Verzeihlich ist er nicht. Verzeihlich ist auch nicht, dass Prof. Beyer in Halle 1739 den Schwabacher Druck mit Kulpis Namen unbesehen noch einmal herausgiebt. Ist es verzeihlich, dass Herr K. nun gar die Obrecht'sche Arbeit als die zweifellose Promotionsschrift eines Kandidaten unter dem Präsidium des Kulpis proklamiert?

nicht allein; der Name des Präses stand ja gleichfalls mit auf dem Titelblatt!], ntut tractatio rei ipsius, quae exercitio isti argumentum dedit & occasionem, alium habeat autorem." Dieser Satz sagt uns nichts Neues. Sicherlich haben die Präsiden die meisten Exercitationes academicae selbst geschrieben, da sie als Professoren statutenmässig zur Abhaltung von Disputationen verpflichtet waren und für die Respondenten selbst sorgen mussten. Dass man dann von der Disputation des Respondenten Soundso gesprochen, wobei der Name des Präses als des eigentlichen Verfassers der Disputierschrift in die zweite Linie gedrängt wurde, lag daran, dass eben der öffentliche Akt der akademischen Disputation, bei welchem dem Respondenten die Hauptrolle zufiel, das eigentlich Bedeutungsvolle innerhalb des akademischen Lebens war. Eine öffentliche Disputation war ein akademisches Ereignis, natürlicherweise angeknüpft an den Namen des Respondenten. Das sogenannte „Titelblatt" aber der Disputierschrift konnte seiner ganzen Anlage nach nur als öffentliche Einladung zu jenem mündlichen Akt der Disputation gelten, dahin nur zielte es, nicht aber auf den Inhalt der der Einladung angefügten Materia disputandi.

Anders nun allerdings lag die Sache bei einer um ihres wissenschaftlichen Wertes willen veranstalteten Neuauflage der Disputierschrift. Hier das alte „Titelblatt", d. h. die Einladung zur längst gewesenen Disputation, abzudrucken, war eigentlich sinnlos und geschah wohl nur aus Bequemlichkeit oder Gedankenlosigkeit. Aenderte man es aber, d. h. gab man nun der Schrift ein wirkliches Titelblatt, wie es sich gehörte, dann wäre es allerdings die Pflicht des Verlegers gewesen, in jedem Falle auf den eigentlichen Verfasser zurückzugehen. Mit Recht schreibt Buchta, der Herausgeber der vorher genannten Kulpisschen, richtiger Obrechtschen Dissertation, dass es „publice intersit, omnino sciri, cui hic vel iste labor sit re vera tribuendus".

Aber so scharf und gerecht urteilten die Verleger im allgemeinen nicht, sie machten sich's bequem. Sie befriedigten die Nachfrage nach den bedeutenderen Dissertationen, indem sie einfach unter dem Namen des Präses nachdruckten, ohne sich im geringsten um die Feststellung der Autorschaft zu bekümmern. In dem Verkauf lag ihr Geschäft, die Geistesprodukte der Autoren waren — wie heute noch — die Beute der Buchhändler, die sich nicht einmal die Mühe gaben, durch Namennennung dem eigentlichen Verfasser gerecht zu werden.

Es bleibt nun drittens noch zu untersuchen, wie die älteren Bibliographen die Universitätsschriften behandelt haben. Es hat wohl Bibliothekare gegeben, die sie überhaupt der Aufnahme und Katalogisierung nicht für wert erachtet haben. Gegen diese wendet sich Joh. Henr. Hottinger in seinem „Bibliothecarius quadripartitus, Tiguri 1664", wo er S. 5 schreibt:

„Et hic naevus in iis potissimum est conspicuus, qui in recensione Bibliothecarum Disputationes omittunt, Exercitia Academiarum et Scholarum publica: cum tamen illis meo judicio multum sit deferendum, sive quod publicam publicis disputationibus conciliatam habeant authoritatem; sive quod multi, iique doctissimi viri nullo alio scribendi genere voluerint inclarescere; sive quod ibi $\xi υμφερτή$ $ἀρετή$ & fusi aliorum conceptus compendiose proponantur; sive denique quod jucunda varietate non parum oblectent. Omnino ergo ad suppellectilem pertinent librariam ... Una saepe pagella plus succi et bonae frugis habet quam spissum chartarum volumen".

Leider giebt nun Hottinger nichts an über die Art und Weise der Katalogisierung, wie mit Präses und Respondens zu verfahren sei. Die Frage der Autorschaft ventiliert er gar nicht. Hielt er es auch für unzweifelhaft, dass dem Präses die akademischen Disputationen zugeschrieben wurden? Wohl scheint es so. Denn die theologischen Disputationen, die er S. 354—369 seines Werkes verzeichnet, sind, soweit ich es zu übersehen vermag, alle unter dem Namen akademischer Lehrer aufgezählt. Hottinger schliesst die Liste mit folgendem bezeichnenden Satz: „Hactenus quidem de variis disputationibus in Scholis Reformatorum publice plerisque ventilatis & a viris magnis, (paucis exceptis) non defensis modo, sed & compositis". Daraus folgt, dass er die Autorschaft der akademischen Disputationen nicht unbedingt vom componere allein abhängig macht.

Hauptnachschlagewerke zur Bestimmung alter Universitätsschriften sind: das Zedlersche grosse Universal-Lexikon, Jöchers' Gelehrten-Lexikon und Henningi Witte Diarium biographicum, Gedani 1688.

Nach welchem Grundsatz Witte bei der Aufnahme der Disputationen verfahren ist, geht aus folgenden Worten der Vorrede hervor: „In illis [sc. Disputationibus academicis] autem nos Praesidis nomen ubique retinuimus, licet hand raro et ipse Respondens Disputationis fuerit Auctor. A potiori enim Denominationem Jure fieri existimavimus, cum nec semper de genuino foetus alicujus literarii parente nobis constiterit".

Auch Jöcher und Zedler scheinen durchweg den Präses als Autor nicht bloss scribendi, sondern auch scripti behandelt zu haben, mindestens haben sie in dieser Hinsicht keinen Unterschied gemacht.

Die schon genannte Disputation de jure numellarum des Chr. Benj. Hertz zählt Witte, und nach ihm Jöcher und Zedler gleichfalls dem Präses Bechmann zu. Um noch ein paar weitere Beispiele zu geben: 1665 disputiert Griebe in Wittenberg unter Präses W. Leyser de exceptione non numeratae pecuniae. Aus der Vorrede folgt, dass Griebe der Verfasser ist. Es steht da: „... impraesentiarum pro ingenii mei modulo abituriens sum tracturus", und am Schluss derselben: „ad institutum hoc meum progredior". Witte führt diese Schrift unter Leyser auf. Jöcher desgleichen, Zedler allerdings nicht, was aber belanglos ist, da bei keinem der Biographen die Literatur vollständig angegeben ist.

Zu einer „Dissertatio politico-juridica De Regalibus" vereinigen sich „Sub Praesidio Viri ... Wolfgangi Hirschbachi ... pro Licentia ...

Conradus & Benedictus Carpzovii. Wittenbergae 1668." Nach der Köhlerschen, hier allerdings zutreffenden Theorie würden die Carpzove als Verfasser zu gelten haben; die Einleitung lässt sie auch als solche vermuten. Gleichwohl ist sie im Jöcherschen Lexikon unter Hirschbach zu finden.

Genug von Witte, Jöcher, Zedler.

Ich erwähne nur noch einen „Conspectus dissertationum librorum omniumque scriptorum, quae ab a. 1681 usque ad a. 1734 edidit Frid. Hoffmann. Halae. Joh. Chr. Hilliger. Acad. Typogr." [s. a.]. Prüft man hier das Verzeichnis auf Grund der vorliegenden Disputationen, so ergiebt sich, dass der berühmte Mediziner keineswegs alle verfasst hat, wenn sie auch unter seiner Leitung entstanden sein mögen. Z. B. die Disputationen von Siemens 1695, Maederjan 1701. Martini 1703 möchte ich ihm nicht zuschreiben. Ganz sicher ist die Sache bei der Disputation von Schulze 1717; denn hier sagt der Präses selbst in seiner Zuschrift: „Reddo tibi dissertationem ingenii tui cultissimi foetum ea facie qua mihi ad corrigendam [!] eam exhibuisti: neque enim quicquam in illa inveni, quod lima iudigeat".

Es giebt ferner ein Verzeichnis juristischer Dissertationen, betitelt: Institutiones juris bibliothecales, Quibus juxta titulorum in Institutionibus Justinianeis seriem autores tam veteres, quam recentiores, praecipue vero dissertationes selectiores recensentur, collectae . . . . à Johanne Henrico Nachtenhöfern, Not. Publ. Caes. . . . . Lipsiae 1688. 4 10 Bog. Das Werk ist unter Billigung des Leipziger Universitäts-Bibliothekars und derzeitigen Rektors L. Joachim Feller erschienen. In der Vorrede heisst es nun, ähnlich wie bei Witte: „In dissertationibus Praesides semper nominare volui, tum quia à potiori semper facienda denominatio, tum ne Respondentium etiam nomina recensendo labor hic in immensum excresceret."

In den Verzeichnissen Thomasius'scher Dissertationen, deren im vorigen Jahrhundert mehrere gedruckt sind, ist der Name des Respondenten nur bei den Inauguraldissertationen verzeichnet.

Endlich regt C. F. Hommel, Ordinarius der Juristenfakultät in Leipzig, in einem Programm von 1758, betitelt: „Schola juris litteraria" die Frage an, die aber mündlicher Beantwortung vorbehalten geblieben ist: „Utrum si respondens se auctorem subscripserit, nihilominus praesidi sint adscribendae?" Die Frage scheint mir auch zugleich ihre Bejahung zu enthalten.

Wir sehen also, dass zur Zeit, als das Disputationswesen noch blühte, die Präsiden ausnahmslos als die literarischen Träger der Disputationen angesehen wurden, selbst in Fällen, wo die Verfasserschaft des Respondenten unzweifelhaft war. Nicht einmal dann, wenn es sich um eine bedeutendere schriftstellerische Leistung des Respondenten handelte, hat man immer dem Verfasser die Ehre gegeben, die ihm gebührte. So wird die vielfach benutzte Disputation „De Academiis", Tübingen 1619, bald unter dem Namen des Respondenten

Steno Bielke, bald aber auch unter dem des Präses Thomas Lansius angeführt. Witte in seinem Diarium verzeichnet sie natürlich unter Lansius, Jöcher hat sie unter Bielke und Lansius, ohne Verweis auf einander, Joh. Strauch schreibt sie in seiner 1662 zu Braunschweig gedruckten Jenenser Rede: „Berytus seu ad tit. Cod. de metropoli Beryto" dem Bielke zu. Caspar Thurmann in seiner Bibliotheca academica, Halae 1700, verweist bei Bielke auf Lansius. Zedler kennt nur die Helmstedter Ausgabe von 1666, die er Lansius zuschreibt. Dass aber Bielke der Verfasser sein will, besagt die Widmung. Wenn wir uns nun klar werden über die Gründe, die die Alten zu ihrem Verfahren bestimmt haben oder bestimmt haben könnten, so werden wir auch erkennen können, ob wir beim alten Gebrauch zu verharren oder ihn abzuändern haben.

Zunächst hat Witte Recht, dass es vielfach unmöglich ist, aus der Disputation selbst den Verfasser festzustellen. In diesem Falle ist es natürlich und genügt es, die Schrift unter dem Namen des Präses zu zitieren, wenn man einmal die Schwerfälligkeit des Doppelnamens vermeiden will.[1]) Dazu kommen nun innere Gründe. In sehr vielen

[1]) Anders ist es natürlich, wenn es sich etwa darum handelt, ein bibliographisches Verzeichnis sämtlicher an einer Universität erschienenen akademischen Schriften aufzustellen. Hier ist sowohl der Präses wie der Respondens namhaft zu machen. So besitzen wir z. B. von Würzburg ein Verzeichnis der juristischen Dissertationen und Programme bis zum Jahre 1733 hin. Es findet sich in Jos. Mar. Schneidt, „Sicilimenta quaedam ad historiam universitatis Wirceburgensis, et in specie literaturam facultatis juridicae. Wirceb. 1795." Das Verfahren des Bibliographen erkennt man aus folgendem Schema:

Annus.	Praeses & communiter Author.	Defendens & interdum Author.	Materia Dissertationis aut Opusculi.
1590.	Anton Salicetus a Weidenfeld.	Remig. Diethmarus Boius.	Theses Jur. ex Lib. 4 ff. De eo quod metus causa gestum est.
1653. 20. Mai.	Joan. Henricus. Mundskenk.	Joannes Adamus. Seiler, Herbip. Author. Pro gradu.	Systema inaugurale juridicum materiae theoretico-practicae Restitutionis in integrum.
1714 12. Juli.	Joann. Conrad. Langen.	Joann. Georg. Stadler, Herbip. Pro gradu.	Disp. Inaug. jur. de inofficioso testamento.
1733 15. Sept.	Philipp. Adam. Ulrich.	Joann. Christoph. Wolffsteiner. Volcaceus.	Positiones juridicae de Compensationibus.

Auf eine eingehende Prüfung der Autorschaft hat sich Schneidt nicht eingelassen. Steht auf dem „Titelblatt" der Dissertation beim Namen des Respondenten das Wort „Autor", so vermerkt er es auch in seiner Liste. Meist betrifft dieser Fall Inauguraldisputationen; doch sind diese keineswegs immer von Promovenden geschrieben worden.

Fällen ist der Präses wirklich der Verfasser gewesen, da ja die Hauptaufgabe des Respondenten die **mündliche** Disputation sein sollte. Oder die Thesen waren aus den Vorlesungen geschöpft und somit eo ipso geistiges Eigentum des Professor-Präses. In allen Fällen aber hat der Präses doch die Schrift, bevor sie dem Dekan amtlich übergeben wurde, durchgesehen, verbessert und mit Zuthaten versehen.

Ausser den schon an andern Stellen dafür mitgeteilten Belegen will ich hier noch folgende geben.

In Halle erschien 1726 die Editio novissima eines „Tractatus juridicus de usu et abusu torturae quem habuit Jul. 1697 Heinricus de Boden". Die Vorrede zeigt Boden als Präsiden an; aus seinen Kollegs hat der ungenannte Respondens die Arbeit kompiliert und darüber öffentlich disputiert. Dieser ist also der Scriptor, Boden der Autor der Disputierschrift. Fragt man etwa, wer den Neudruck veranlasst hat, nun, das besorgten die Buchhändler auf eigene Faust auch ohne Wissen und Willen der Verfasser. In einem Briefe¹) an Henning Witte, worin er ein Verzeichnis seiner Schriften mitteilt, sagt der Wittenberger Professor Kirchmajer: „Multae harum pluries recusae, sed Auctore inscio, interdum etiam indignante".

Thomasius pflegte wohl die eingereichten Dissertationen nicht zu verändern, vielmehr gab er seine Anstellungen und Zusätze in der Nachschrift seinem Disputanten zum besten, damit er bei einer etwaigen zweiten Auflage davon Gebrauch mache. „Patere, nobilissime Domine Candidate", äussert er sich gegenüber dem Promovenden Götz 1701. „ut quod alias in disputationibus, quas ipse non elaboravi, cum tempus superest, facere soleo, et hic expediam atque nonnulla moneam in secundis curis forte observanda" — worauf eine Reihe monita folgen.

Die Mitwirkung des Professor-Präses bei der Abfassung der Disputierschrift steht also fest. Geschah denn nun den Respondenten ein Unrecht, wenn ihre Arbeit unter dem Namen des Präses in der Literatur geführt wurde? Höchstens in dem Falle, wenn Buchhändler Neuauflagen mit eigenem Titelblatt unter Weglassung des Namens des Respondenten veranstalteten, nicht aber in den Sammlungen von Disputationen, die von berühmten Professor-Präsiden herausgegeben wurden. Mochten diese immerhin unter dem Namen des Präses marschieren, am literarischen Ruhm nahm doch jeder einzelne Respondent teil, da die offiziellen „Titelblätter" beibehalten wurden. Und war der Respondent zugleich der Verfasser, nun, so war er keineswegs um sein Recht betrogen; im Gegenteil musste es ihm lieb sein, durch die Sammlung des Präsiden seine Schrift aufgehoben und weiteren Kreisen bekannt gegeben zu sehen, während sie sonst leicht der Vergessenheit anheimgefallen und schwerlich in Neuauflagen gedruckt worden wäre.

---

1) Georgj Casparis Kirchmajeri.... epistola ad.... Henningum Witten, Eloqu. & Histor. in Rigensi Livonorum Athenaeo Prof. P...... Wittenbergae (1692). 4.

Immerhin kann noch gefragt werden: warum hat man denn die Autorschaft nicht strenger betont und unzweifelhaft gemacht? Zwar findet sich häufig dem Namen des Respondenten das Wort „Auctor" beigefügt, aber, ganz abgesehen von dem Missbrauch, der damit getrieben wurde, ebenso oft fehlt es auch, wo es stehen sollte. Was mir aber für die Entscheidung der ganzen Frage das Wichtigste zu sein scheint, die Disputierschriften entbehren der eigentlichen Titelblätter. Es sind akademische Gelegenheitsschriften ganz besonderer Art, nicht zu vergleichen mit sonstigen literarischen Produkten. Ihre sogenannten „Titelblätter" haben offiziellen akademischen Charakter; es sind, wie schon S. 51 hervorgehoben wurde, die zu öffentlichem Anschlag bestimmten Einladungen zu einem unter dem Präses N. N. vom Respondenten X. Y. geplanten Disputationsaktus. Erwägt man dies nicht, so kann Einem u. A. auffallen, dass der Name hochadliger Respondenten, sogenannter „Liberi Barones", dem des Präses-Professors auf dem „Titelblatt" vorangeht, dass sogar noch Epitheta ornantia dazutreten, wie „Illustris et generosus Dominus, D. Ferdinandus Khuen a Belasi" auf einer Ingolstadter Disputation von 1584 mit dem nachfolgenden „Praeside Magnifico et excellentissimo ... Nicolao Everhardo". — oder aus derselben Zeit ein „Praeside Excellentissimo .... Friderico Martini" mit nachfolgendem „Respondente ingenuo et pererudito Bartholomaeo Russio." In beiden Fällen ist die Dedikation vom Respondenten geschrieben, vom Präses wahrscheinlich der Text, während das „Titelblatt" mit seinem offiziellen Charakter jedenfalls auf den Dekan der Fakultät zurückzuführen ist.

Ich halte demnach die Frage nach der Autorschaft der akademischen Dissertationen einschliesslich der sub Praesidio gehaltenen Inauguraldisputationen praktisch für völlig überflüssig und bedeutungslos. Eigentliche Buchtitel tragen sie nicht. Will man sie bibliographieren, so wird man der Genauigkeit wegen beide Namen, des Präses wie des Respondens, aufnehmen und ersteren als Ordnungswort festhalten. Für Katalogzwecke genügt die Eintragung unter dem Namen des Präses, bei den Kölner Dissertationen unter dem des ersten Präses. Dem Respondens wäre nur dann eine Seite im Katalog zu eröffnen, wenn noch weitere Werke aus seiner Feder vorliegen. In der Bibliothek selbst aber ist die Vereinigung der einzelnen Disputationen unter dem Namen des Präses die einzig mögliche Aufstellung. Zitiert man literarisch eine alte Universitätsschrift, so muss man im allgemeinen beide Namen geben, namentlich wenn der Respondent als Autor ausgezeichnet ist, etwa in der Form: „Die unter dem Präsidium des N. N. gehaltene Disputation des X. Y. über..." oder z. B. „Meyerhoff, Praes. Simon, de doctoribus bullatis, Jena 1670", oder noch kürzer: „Schwendendörffer-Seidell, de anulis, Leipzig 1670". Es kann sich eben nur darum handeln, die betreffende Dissertation durch die Hauptdaten nachzuweisen, nicht dem Verfasser mit der Namennennung eine

Ehre anzuthun. Soviel von der vielbesprochenen „Autorschaft" der akademischen Disputationen.

Wie erwähnt, hat sich die Sitte des Präsidiums vereinzelt bis heute erhalten. Soll man hier auch noch dem Präses die Disputationen zuschreiben? Das würde doch dem modernen Geist des Universitätsunterrichts ganz und gar widersprechen. Man wird also einen Zeitpunkt wählen müssen, von dem an man die neue Zeit von der alten getrennt sein lässt. Da nun im Anfange dieses Jahrhunderts 1) die akademischen Disputierübungen, die die Mehrzahl der alten Universitätsschriften geliefert haben, so ziemlich überall eingeschlafen sind, 2) eine Reihe von Universitäten (Altdorf, Erfurt, Duisburg, Helmstedt, Rinteln, Ingolstadt-Landshut, Wittenberg, Frankfurt, Bamberg, Dillingen) eingegangen, bezw. verlegt worden sind, während 3) andere wie Berlin, Bonn, Bern, Zürich neu entstanden, so schlage ich vor, dass man vielleicht von 1817 ab, wo die Universität Berlin Statuten erhalten und das Präsidium bei Inauguraldissertationen (andere kommen gar nicht mehr in Betracht) abgeschafft hatte, die Dissertationen deutscher[1]) Universitäten, deren Titelblätter noch zwei Namen (des Präses und des Promovenden) tragen, nicht mehr so ohne weiteres unter die Regel, sie dem Präses zuzusprechen, einbegreift, sondern die einzelnen Fälle prüft. Da nur wenige Universitäten, nämlich bloss München und Tübingen, in Betracht kommen, so ist die Arbeit nicht eben gross.

Bei manchen Präsiden, wie Hugo Mohl, Autenrieth, Rapp, Gmelin in Tübingen, lässt sie sich ziemlich summarisch erledigen, indem man ihnen die medizinisch-naturwissenschaftlichen Dissertationen ohne Bedenken zuschreiben darf, unter Hinzufügung des Namens des Doktoranden.

Anders ist es mit den juristisch-staatswissenschaftlichen Dissertationen. Hier liegen wichtigere Arbeiten vor, für die die Doktoranden, die sich als Verfasser ausweisen, mit ihrem Namen einstehen möchten. Die Fälle sind dann im allgemeinen doch so klar, dass nicht einmal katalogische Rückweise vom Namen des Einen auf den des Andern notwendig sind.

Dass nun in neuester Zeit das von der Königlichen Bibliothek alljährlich besorgte Verzeichnis der deutschen Universitätsschriften vom Präsidium in München und Tübingen gar keine Notiz mehr nimmt, entspricht durchaus der heutigen Bedeutungslosigkeit jener veralteten Einrichtung.

---

1) Mit den ausländischen Disputierschriften, z. B. von Lund wird man auch nach der Regel verfahren müssen, dass die quasi Titelblätter eben nur einladende Bekanntmachungen einer demnächst zu haltenden Disputation sind; die Benennung der Schrift haftet dann in erster Linie an dem Namen des Präses.

Kapitel 8.
Die Schuldisputationen der akademischen Gymnasien.

Von der scholastischen Periode her beherrschen die Disputierübungen nicht bloss das höhere, sondern auch das niedere Schulwesen. Wie Ludovicus Vives in seinem Buche: De disciplinis libri XX berichtet, stand beim Volke die Meinung fest, dass der Zweck alles Lernens das Disputieren sei. „Puer ad scholam deductus primo confestim die jubetur disputare et docetur jam rixari, qui fari nondum potest". An der lateinischen Sprache hing bis zur Zeit des 30jährigen Krieges das Bildungsideal; sie und das ganze Trivium gehörten untrennbar zusammen. Man disputierte also, um Lateinisch zu lernen.

Die höhern Schulen nun, die seit der Reformationszeit teils nach dem Muster Sturms, teils nach dem der Jesuiten begründet wurden, arteten in Pseudo-Universitäten aus. Trotzdem im 17. Jahrhundert annähernd vierzig wirkliche Universitäten in Deutschland ein mehr oder weniger blühendes Dasein führten und dem Bildungsbedürfnis vollauf genügen konnten, hätte doch am liebsten jede grössere Bürgerschaft, jedes Duodez-Fürstchen noch eine eigene Akademie besessen. Da das nun aber nicht anging — schon das kaiserliche Patent kostete heilloses Geld, so dass Herborn z. B. seine Bestätigungsurkunde niemals hat einlösen können —, so that man, was man konnte, und schuf sich ein akademisches Gymnasium („Academia", „Athenaeum", „Lyceum") oder eine Ritterakademie. Das war so ein Zwitterding von Gymnasium und Universität, entweder für sich bestehend oder in Verbindung mit der Lateinschule. Fakultätsstudien wurden betrieben. Es gab da Professoren der Theologie, der Jurisprudenz, der Medizin, der Ethik und Politik; kurz alle vier, hie und da auch weniger, Fakultäten waren vertreten, und demgemäss wurde auch doziert und disputiert ganz wie auf den Universitäten. Auf die Privilegien der Authentica Habita machten Doktoren und Scholaren gleichfalls Anspruch. Was aber diese akademischen Gymnasien von den Universitäten wesentlich unterschied, war, dass sie nicht das Recht hatten, akademische Grade zu erteilen.

Es giebt eine für die Pädagogik nicht unwichtige Schrift von Christian Busse: Schediasma de jure praeceptorum, die er unter Samuel Stryk 1685 in Frankfurt a. O. öffentlich verteidigt hat. Darin heisst es S. 3, dass die akademischen Gymnasien zu den Schulen zu rechnen seien, „quippe cum non gaudeant Privilegiis conferendi dignitates Academicas, quod praecipuum quasi Regale Academiarum est". Als Beispiele werden dann die Gymnasien von Augsburg und Gotha angeführt. „Quamvis de Gymnasio Augusteo referatur, quod quoad leges fundamentales Academiae propinquum sit: constat enim habere Theologiae, Jurisprudentiae, Medicinae, Ethices & Politices Professores, & suis privilegiis ac immunitatibus non destitutum: At vero jus gradus & honores Academicos conferendi ipsi non competit. Sic & illustre

Gymnasium Gothanum M. Andreas Reyher Rector, Celeberrimus Palaeomathia p. 52 in tres dispescit ordines; in infimum qui praeliminaris est; medium ubi linguae cardinales tractandae, & supremum ubi demum Gymnasium constituit, ut fundamenta secundum quatuor Facultates synoptice proponantur, quod a fundatione & praxi probat: quoniam stipendia & beneficia splendidissima in Gymnasium collata a Serenissimis ac Potentissimis Electoribus & reliquis Ducibus Saxoniae; Dein & praesunt Professores Theologiae & Medicinae, & Disputationes juridicae habitae: Ut & in aliis Gymnasiis Academicis."

So sind uns denn neben den eigentlichen akademischen Disputationen auch zahlreiche Schuldisputationen überliefert, die sich in nichts von jenen unterscheiden. Es sind Exercitationes, Valedictorien, Stipendiaten-Disputationen, ja auch Circulardisputationen. Bezüglich der Autorschaft, sowie des Verhältnisses zwischen Präses und Respondens gilt ganz dasselbe, was von den akademischen Disputationen gesagt ist. Beispiele werden hernach gegeben werden.

Es wäre unstreitig ein nützliches Unternehmen, eine allgemeine Geschichte der akademischen Gymnasien zu schreiben. Vorarbeiten sind dazu in den Geschichten einzelner Unterrichtsanstalten zahlreich vorhanden. Durch Vergleichung derselben würde man vielleicht die Regel finden, nach der bei Gründung dieser die gewöhnlichen Lateinschulen überragenden Institute verfahren worden ist, man würde finden, welches Ziel im allgemeinen mit ihnen verfolgt und — erreicht worden ist, wie ihr Verhältnis zu den Lateinschulen einerseits, zu den Universitäten andrerseits gewesen ist, von welchen Faktoren ihr Aufgang, Fortgang und Untergang abgehangen hat u. s. w.

Die deutschen Gymnasien, insonderheit die protestantischen, sind in den drei Jahrhunderten ihres Bestehens manchem Wechsel unterworfen worden. Mit der humanistischen Bildung wurde im 16. Jahrhundert begonnen. Melanchthon, Sturm, Trotzendorf, Neander u. A. sahen in den klassischen Studien eine Hauptstütze für den evangelischen Glauben. Unter den religiösen Wirren der Folgezeit, den dogmatischen Zänkereien zwischen Lutheranern und Calvinisten, Protestanten und Katholiken schwand die Liebe zur Litteratur des alten Hellas und Rom. Das konfessionelle Dogma trat in den Vordergrund, da Theologen die Schulleiter waren, und zur Verteidigung desselben sollten die Schüler ausgerüstet werden. Dogmatik war also die Hauptsache im Unterricht, Lateinsprechen und -schreiben diente als Mittel zum Zweck, daneben wurde wie zu den Zeiten der Scholastiker Logik und Rhetorik gepaukt, um zur Disputierkunst anzuleiten. „Das Resultat des Unterrichts wurde in den häufigen, bald in dem engern Kreise der Schule, bald öffentlich abgehaltenen Disputationen und Deklamationen zur Schau gestellt." (Th. Hirsch, Geschichte des Danziger Gymnasiums. Progr. 1858.)

Nach dem 30jährigen Kriege verloren mit dem gesunkenen deutschen Volksleben die religiösen Interessen ihre Kraft, und verlor auch jene Scholastik der Gymnasien ihre frühere Bedeutung mehr und mehr. Fremdländische Bildung kam auf und die alten Lateinschulen gerieten in tiefsten Verfall. Neumodische Anstalten entstanden, akademische Gymnasien und Ritterakademien, gegründet in bewusster Absicht aus dem Geiste der Reaktion gegen die veraltete Lehrart. Aber Liebe zum klassischen Altertum beseelte sie nicht, kahler Nützlichkeitstheorie huldigten sie, um auf billigerem Wege und in kürzerer Zeit, als es auf Universitäten geschah, Geistlichen und Beamten die für das praktische Leben in Kirche und Staat nötige Bildung zu verschaffen.

Mit Gesner und Ernesti ersteht in den Schulen der Humanismus von neuem, jetzt auf sich selbst beruhend, nicht mehr in Anlehnung an die Kirche. Gymnastik des Geistes, Entfaltung und Uebung der dem Menschen innewohnenden höheren Anlagen durch die Beschäftigung mit dem klassischen Altertum wurde das ideale Ziel. Die Philologie und der Rationalismus befreiten die Schulen von allen theologischen Tendenzen, wie von der Herrschaft der Theologen. Der Staat legte seine Hand auf die Gymnasien und führte 1788 das Abiturienten-Examen ein. Damit war ihnen der Stempel von Vorbereitungsanstalten für den Universitätsunterricht aufgedrückt und den akademischen Gymnasien mit ihren Fakultätsstudien das Todesurteil gesprochen. Die Exekution folgte nicht überall sogleich. Nachdem sich aber der Staat besonnen hatte, was er mit den Gymnasien anfangen wollte, wozu sie ihm dienen sollten, da schränkte er, auf August Böckh und Wilhelm von Humboldt hörend, das Bildungsideal der Gesner, Ernesti, Wolf ein und schuf das Gymnasium des 19. Jahrhunderts. Die Beschäftigung mit dem klassischen Altertum sollte zwar noch eine wesentliche, aber nicht mehr die ausschliessliche Grundlage der Jugendbildung bleiben, die Erziehung im Christentum und die Uebung in den mathematischen und historischen Wissenschaften wurden als gleichberechtigt anerkannt.

Rühmliches haben diese Gymnasien geleistet. Ihrer Bildung verdanken die Universitäten die Erhebung zu Forschungsanstalten, verdankt die Wissenschaft des 19. Jahrhunderts die grossartigen Fortschritte.

Und heute? Wieder stehen wir am Anfang einer neuen Periode in der Entwickelung der Gymnasien. Wieder einmal hat sich die klassische Bildung überlebt, und wieder einmal soll es mit dem Latein zu Ende sein. Quid sit futurum cras, fuge quaerere! —

Fakultätsstudien kamen an den alten Latein- oder Gelehrtenschulen schon in der zweiten Hälfte des 16. Jahrhunderts auf. Im 17. Jahrhundert sonderten sich dann die Oberklassen mit ihren Professoren davon ab und nahmen den Titel Gymnasium academicum an. Wie es mit den Disputationen gehalten worden ist, will ich an ein paar Beispielen erläutern.

Ich beginne mit der ehrwürdigen Soester Lateinschule. Die Schulordnung von 1618[1]) enthält ein Kapitel: „De disputationibus publicis & privatis", worin folgendes bestimmt wird:

I. Publicas disputationes, minimum quatuor, semestri quovis, Secundano[2]) Respondente & Superiorum Classium praeceptore praesidente, instituunto.

II. Theses non pro lubito nec carptim hinc inde desumunto: sed Theologicas ad Haffenrefferi, Juridicas ad Althusii, caeteras ad Auctoris in generali Elencho praefixi Methodum praescribunto ordineque progrediuntor.

III. Praeses, praemissis precibus breviq; prooemio primum Scholarchas, Pastores aliosq; praestantes viros, Disputationis amore praesentes, postmodum Discipulos ordine ac honeste ad conflictum provocato, plebejas rixas & ambages evitato, tandem prece & gratiarum actione finita.

IV. Privatas[3]) singulis Septimanis apud altiores Classes instituunto: Theses e Lectionibus ordinariis proponunto, prolixitatem Exordiorum non admittunto.

Im Elenchus wird dann noch gesagt, dass diese Privatdisputationen Sonnabends stattfinden sollen.

Eine weitere Analogie mit dem Universitätsunterricht bietet die Bezeichnung der Lectiones publicae für die Lehrstunden der Oberklasse.

Von einer Abgangsprüfung ist nicht die Rede (vermutlich jedoch haben Disputationes valedictoriae stattgefunden), wohl aber von öffentlichen Semesterprüfungen der einzelnen Klassen.

Ueber den Druck der Disputationen findet sich keine Bemerkung. Die wenigen, die ich in Händen gehabt habe, stammen aus späterer Zeit.

Professoren hiessen die Soester Lehrer damals nicht, Rector, Conrector, Cantor, Lector sind die Bezeichnungen. Ob sich das später geändert hat, ob die Secundaner zu Primanern avanciert sind und sich auf die Lateinschule ein wirkliches Gymnasium academicum aufgesetzt hat, wann die akademischen Disputationen aufgehört haben, alles dies muss uns Herr Vogeler in der Fortsetzung seiner Geschichte des Soester Archigymnasiums verraten.

Die Nachbarstadt Hamm hatte von 1657 an ein wirkliches akademisches Gymnasium, Gymnasium illustre, neben der schon seit dem 13. Jahrhundert bestehenden Lateinschule.[4]) Es wurde mit drei ordentlichen Professoren eröffnet: dem Prof. theol. Anton Perizonius, dem Prof. juris Niess und dem Mediziner Upmeier, der wohl

---
1) E. Vogeler, Geschichte des Soester Archigymnasiums. Progr. v. 1883 und 1885.
2) Die oberste Klasse hiess seltsamer Weise nicht Prima, sondern Secunda. Herr Vogeler ist uns die Erklärung schuldig geblieben.
3) Heisst hier wohl nur soviel wie „unter Ausschluss der Oeffentlichkeit".
4) Wendt, Geschichte des Gymnasiums zu Hamm. Progr. 1857.

zugleich als Philosophie-Professor wirkte. Die Schulgesetze von 1659 ordnen öffentliche und private Vorlesungen an, dazu Deklamationen und öffentliche Disputationen. Die angehenden Studenten (die teils von der Lateinschule, teils von ausserhalb kamen) sollen ihren **Fakultätsstudien** philologische und philosophische Vorlesungen vorausschicken (ganz wie auf der Universität, wo der Student durch die Artistenfakultät hindurch „ad altiora studia" fortschritt). Ferner werden die Studenten zu williger Abhaltung der ihnen von einem Professor aufgetragenen Disputationen und Reden verpflichtet; dabei werden aber die sonst üblichen Trinkgelage untersagt, „ne disputantes inutilibus sumtibus graventur". Das Imprimatur erteilt der jedesmalige erwählte Leiter der Schule.

„So sehen wir, wie im ganzen die Einrichtung unserer Schule der auf andern Universitäten durch Observanz und Gesetz zur Geltung gelangten Ordnung entspricht. Es wurden Vorlesungen gehalten, die Studenten in Reden und Disputationen geübt, halbjährlich alle zu einer Censur versammelt etc."

Der Theolog las über Kirchengeschichte, Katechetik, Dogmatik, Hebräisch, den Heidelberger Katechismus (das Gymnasium war reformiert) u. s. w. Jedenfalls konnten Theologen hier ausstudieren. Der Jurist las über Institutionen (diese genügten meist für die Praxis), Rechtsgeschichte, Natur- und Völkerrecht. Der Philosoph hatte die philologischen, philosophischen und naturwissenschaftlichen Vorlesungen zu halten: also über Logik, Metaphysik, Geschichte, römische Altertümer, Griechisch, Physik u. s. w.

Das Gymnasium bestand so bis in die zweite Hälfte des 18. Jahrhunderts. Seine Blüte hat nicht lange gewährt. Im 17. Jahrhundert über 100 Studenten, Anfang 18. Jahrhunderts nur etwa 60, 1735 noch 8. Endlich 1768 sind die drei letzten Studenten abgegangen. „Das kleine Gymnasium konnte die Konkurrenz der grossen Universitäten nicht aushalten; tüchtige Lehrer fanden an diesen bessere Hülfsmittel, mehr Zuhörer und — besseres Gehalt."

1779 wurde der Anstalt ihr **akademischer Charakter abgestreift** und sie mit der lateinischen Schule zum modernen Gymnasium verschmolzen.

Von Westen nach Osten. Das berühmte Danziger Gymnasium academicum, ein wirkliches Gymnasium illustre, war 1558 als evangelische Gelehrtenschule gegründet worden.[1]) Um 1640 sonderten sich die beiden obern Klassen davon ab und bildeten als akademisches Gymnasium so ein Mittelding zwischen Universität und Gymnasium. **Man mochte die Jugend erst in reiferem Alter auswärtigen Universitäten anvertrauen.**

---

1) Th. Hirsch, Geschichte des Danziger Gymnasiums seit 1814. Progr. 1855.

Der Rektor des Gymnasiums war immer ein Doktor der Theologie; neben ihm wirkten noch andere Theologen als Lehrer der Beredsamkeit, der alten Sprachen und der Mathematik. Hierzu kamen nun drei Professuren für Fakultätswissenschaften: für Jurisprudenz, Medizin und Philosophie.

Viele Disputationen, meist theologische, sind in Danzig gehalten worden und zwar ordentliche und ausserordentliche. Die ordentlichen waren allmonatlich eine solenne, zu welcher die Zuhörer eingeladen wurden, und vierteljährlich eine öffentliche, zu welcher Jedermann Zutritt hatte. Das waren nicht leere Schulübungen (solche haben wir wohl unter den ausserordentlichen Disputationen zu suchen), sondern sehr ernsthafte Veranstaltungen, in denen dogmatische Streitfragen ausgefochten wurden. Von allen Seiten, aus der Nähe und aus der Ferne kamen kampfgeübte Gegner, um die Lutheraner in die Enge zu treiben. In Preussen, Polen, Livland, Kurland hatte die Anstalt bedeutenden Ruf und zog zahlreiche Studierende herbei. Es wird kaum ein akademisches Gymnasium geben, von dem eine solche Menge gedruckter Disputationen überliefert sind, wie von dem „Athenaeum Gedanense".

Nach dem 30jährigen Kriege beginnt der Verfall des Gymnasiums. 1744 feierten die Primaner in einem Akte frechen Uebermutes bei hellem Mittag sinnbildlich das Leichenbegängnis des Gymnasiums, aber erst am Anfange des 19. Jahrhunderts, nachdem 1793 Danzig an Preussen gefallen war, schafften die preussischen Verwaltungsbehörden die akademischen Formen der Fakultätsprofessuren ab und führten das Abiturienten-Examen ein. —

Nur noch ein Beispiel einer sogenannten Ritterakademie aus dem Anfange des vorigen Jahrhunderts will ich geben. Es ist das Gymnasium academicum zu Hildburghausen.[1]) Aus der Ratsschule ist es hervorgegangen. Diese entliess nach feierlicher Disputation 1708 ihren ersten Abiturienten und zählte damals 201 Schüler. Ihre Blüte veranlasste den Herzog zur Gründung eines akademischen Gymnasiums im grossen Stil. Die Zöglinge verteilten sich auf zwei Coetus, ohne Klasseneinteilung: die Pädagogisten bildeten die Vorbereitungsschule, die Auditores publici die eigentlichen Studenten. Der ganze Kursus war vierjährig: zwei Jahre im Pädagogium, zwei im Publicum. Zweck des Instituts sollte sein: „dass lehrbegierige Gemüter mit leichter Mühe und Ersparung grosser Kosten dasjenige erlernen könnten, was sie nachgehends auf Universitäten teuer bezahlen müssten. Auch geniessen junge Leute bei dergleichen Anstalten eine moderierte Freiheit, welche das rechte Mittel hält zwischen der akademischen allzu wenig eingeschränkten Libertät und zwischen einem allzu harten Schulzwang..."

---

[1]) Das Gymnasium academicum zu Hildburghausen von Grobe. Progr. 1879.

Eröffnet wurde die Akademie zu Ostern 1714. Eine feierliche Disputation war der erste öffentliche Aktus: „der von Jost verteidigte seine Dissertation „de mathesi nobilibus digna".

Vom Lehrbetrieb nur so viel: die Lektionen wurden nach Weise der Universitäten gehalten als Collegia publica und privata. Es wirkten Professoren der Theologie, der Jurisprudenz und der Philosophie. Auch Anatomie wurde gelehrt, und Sektionen fanden statt. Die Leichname der Malefizpersonen mussten an das Gymnasium abgeliefert werden.

Selbstverständlich wurde auch disputiert. Bei feierlichen Gelegenheiten konnte man sich akademischem Brauche gemäss nicht anders öffentlich präsentieren als mit einer Disputation. Hier ist eine solche: Dissert. historico-mathematica qua reformatio pontificum in mathesi infelix a laetam jubilaei Lutheranorum secundi memoriam celebraturis in illustris Gymnasii Ernestino-Friderciani auditorio publico ad d. V. Novembris a. s. 1717 publicae disquisitioni submittitur praeside M. Bonif. Henr. Ehrenberger Mathem. P. P. O. ac respondente Joanne Casparo Rittweger Holzhusa-Heldburgensi ill. Gymn. auditore publ. Hildburghusae. 4.

Vor allen Dingen wurden jedoch an der Ritterakademie die galanten Studien à la mode française gepflegt: Reiten, Fechten, Tranchieren etc. gehörten zur Bildung des Kavaliers.

Das Gymnasium bestand von 1714 bis 1729. Es ging an sich selbst und aus Mangel an Mitteln zu Grunde, wie alle die sogenannten Ritterakademien.

Da es nicht eben sehr bekannt sein dürfte und sogar von Raumer und Paulsen ausser Acht gelassen worden ist, welche Verbreitung die akademischen Gymnasien in Deutschland gehabt haben, so gebe ich hier eine Namenliste derjenigen, von welchen mir aus dem 16. bis 18. Jahrhundert gedruckte Disputationen vorgelegen haben. Es sind: Altenburg, Altona, Annaberg, Ansbach, Bayreuth, Berlin (Kloster), Bremen, Coburg, Danzig, Dortmund, Dresden, Eisleben, Essen, Görlitz, Gotha, Hamburg, Hamm, Hildburghausen, Hof, Iserlohn, Lauban, Lingen, Lübeck, Lüneburg, Nürnberg, Osnabrück, Ploen, Rudolstadt, Soest, Stargard, Stettin, Strassburg, Thorn, Torgau, Ulm, Weissenfels, Zerbst.

Manche Namen mögen hier noch vermisst werden; so ist mir z. B. von Augsburg keine Disputation in die Hände gefallen. Auch Naumburg ist nicht genannt, obwohl in der Vita des M. Joh. Weissenborn, der 1692 in Erfurt zum D. theol. promoviert wurde, nachdem er seit 1683 Direktor des Adreanums in Hildesheim gewesen war, erwähnt wird, dass er schon auf der Schule in Naumburg „varia specimina oratoria e Cathedra publica cum plausu" geleistet. Ich will nun ein paar Beispiele von Schuldisputationen anführen.

Die Abschiedsdisputationen scheinen in Danzig vorgeschrieben gewesen zu sein. Denn Grodeck, der 1692 das Gymnasium verliess, sagt in der Vorrede zu seiner Disputation „De sacrificiis s. victimis status", dass ihm „Legum Gymnasticarum tenor de Valedictione cogitanti specimen aliquod profectuum edendum" auferlege. Den Stoff der Dissertation habe ihm der Präses (Joh. Schultzius) zur Ausarbeitung übergeben.

Ein ander Mal schreibt indes der Präses auch die ganze Dissertatio valedictoria, z. B. Wittenberg, Praes., Bucky, Resp., De pactis antenuptialibus. Gedani 1727.

Nach der Menge seiner Disputationen zu urteilen, muss auch das Gymnasium in Rudolstadt in der zweiten Hälfte des 17. Jahrhunderts in ziemlicher Blüte gestanden haben. Benefiziaten-Disputationen und zahlreiche Valediktorien sind gedruckt worden. Wahrscheinlich war auch hier die Leistung derselben seitens der Scholaren keine rein freiwillige. So beginnt 1671 v. Schnaphass seine unter Rector Stender gehaltene Disputation mit den Worten: „Cum mihi antequam ex patria hac schola celeberrima discedam specimen profectuum meorum edere incumbat..." Häufig erwähnt, und zwar mit Anerkennung erwähnt wird ferner das Gymnasium in Bremen. Es stand wohl wie das Danziger und Ulmer auf der Höhe seiner Aufgabe. Die Disputationen wurden besonders gepflegt und die Respondenten zu selbständiger Abfassung derselben angehalten. Noch um die Mitte des vorigen Jahrhunderts finde ich z. B. eine Dissertatio juridica valedictoria de differentiis juris statutarii Bremensis.... quam... praeside... Dom. Joh. Schoene..... publico eruditorum examini subjicit Responsurus autor Rudolph Wichelhausen... 1743... Bremae. 4°. Die Zuschrift des Präses bestätigt die Verfasserschaft des Respondenten. Man darf also nicht[1]) ohne weiteres den Präses als den Verfasser der Schuldisputationen ansehen, man kann sie und muss sie sogar ihm katalogmässig zurechnen ebenso wie die akademischen Disputationen, jedoch wie diese in dem allgemeineren Sinne des Wortes Autor, wonach völlig unberücksichtigt bleibt, ob der Präses wirklich Verfasser oder bloss Veranlasser der Disputation gewesen ist.

Im Jahre 1682 disputiert in Bremen Henr. Iken als Autor ac Respondens, Praeside J. E. Schwelingio: „Sympathias et antipathias historiam.... publici juris facit inque illustri patrio Gymnasio ad defendendam sibi sumit..." Wie aus dem Anfang der Schrift und den angehängten Carminibus gratulatoriis hervorgeht, ist Iken auch der Verfasser. Es war schon gesagt, dass die akademischen Gymnasien vielfach mit den Universitäten zu konkurrieren suchten. Da sie aber keine Grade zu verleihen hatten, so fehlte eigentlich mit dem akademischen Lorbeer der glanzvolle Abschluss der akademischen Disputationen. Das Bremenser Gymnasium scheint nun Ersatz dafür mit einer andern Auszeichnung, nämlich einer blauen Ehrenfahne geboten zu haben; denn anders ist doch wohl die folgende Stelle aus einem an jenen Iken gerichteten Glückwunsch nicht zu verstehen:

---

1) Vgl. Gräsel, A., Grundzüge der Bibliothekslehre. Leipzig 1890.

Mit allen Kräften strebst, dass Dir werd' aufgetragen,
Zu Deiner steten Zier, die blaue Ehren-Fahn;
Zum Angedenk wie Du so weislich hast gekrieget..."

Auch Cirkulardisputationen müssen in Bremen gehalten worden sein. In der Schrift: „Justinianus controversus Olim disputatus in Museo Reipubl. Bremensis.... Praeside Joh. Eberh. Schwelingio.... Bremae 1698" werden dreiundzwanzig Respondenten aufgezählt, die nach einander die sechsunddreissig aus kurzen den Institutionen entnommenen Thesen bestehenden Disputationen vertreten haben.

In ähnlicher Weise sind in Stettin die Institutionen durchdisputiert worden, was zu schliessen aus der mir vorliegenden Disputatio sexta de acquirendo rerum dominium jure gentium Ad Institut. lib. II.... Quam Praeside... Dn. Joh. Githmann... Publicae disquisitioni submittit Leop. Val. v. Borck. Stetini 1650. In Coburg hielt 1615 am Casimirianum Stephan Hörner ein Collegium juridicum, aus dem u. a. nachstehende Disputation hervorgegangen ist: Disputatio de justitia et jure, Inter Studiosos Juris & auditores suos majoris exercitii gratia post explicationem Institutionum Juris a Stephano Hörnero J. U. D..... ac Praeside proposita, quam.... Ad. Phil. a Steinau... tueri conabitur.

Stipendiaten-Specimina kamen überall vor, wie auf Universitäten. Ob immer der Respondent der Verfasser ist, wie man von Stipendiaten erwarten sollte, kann nicht ausgemacht werden Die folgende Disputation fällt in dieser Hinsicht dem Respondenten zu: „Disputationem suam... de nova inquisitione... Sub Praes. Dn. Joh. Riemer... 1682 ... publice tuebitur Respondens et verus Autor Christ. Weidlingius... Leucopetrae." Derselbe Weidling scheint dreissig Jahre später Rektor in Weissenfels geworden zu sein. Unter seinem Präsidium disputiert daselbst 1715 ein Frid. Sigism. Zachariae Francobus. Notar. Publ. Caesar. & Poeta Laureat. als Autor et Respondens.[1]) Die Veranlassung zu dieser Disputation kann rätselhaft erscheinen; denn dass ein kaiserlicher Notar und gekrönter Dichter noch das Gymnasium besucht haben sollte, ist nicht anzunehmen. Da indes der Rektor Weidling, wie auf dem „Titelblatt" steht, auch die Würde eines kaiserlichen Pfalzgrafen bekleidet, so liegt vielleicht die Disputation eines sogenannten Dr. bullatus vor. Das „Solennis" könnte dahin gedeutet werden. Als eine Stipendiaten-Disputation aus Ulm vom Jahre 1684 ist anzusehen: Specimen gymnasticum de probatione per cruentationem cadaverum... Praes..... Dom. M. Eberh. Rud. Rothio.... publicae Doctorum ventilationi subiiciet... Melchior Fridericus Gender, A. & R. Ulmae. In

---

1) Solennis dissertatio de jure evehendi gloriosos heroes in fastigium principum imperii. Von der Macht in Reichs-Fürsten-Stand zu setzen, Quam ... in illustri ad Salam Augusteo praeside Dn. Christiano Weidlingo... Comite Palat. Caesareo,... 1715... in acroaterio majori Eruditae Eruditorum Censurae decenter submittit autor et respondens... Leucopetrae.

der Vorrede bekennt der Verfasser: „... dissertatiunculam elaborare & loco speciminis Gymnastici proponere constitui, uti Patronis atque Fautoribus constaret quo in studiorum cursu tempus ... Philosophiae studiis dicatum intra quadriennium fere Ulmae transegerim."

Kapitel 9.
Aeusseres der Disputierschriften. Druckkosten.

1. Vom „Titelblatt" ist schon gehandelt. Es ist weniger als Buchtitel, denn als öffentliche Bekanntmachung einer bevorstehenden akademischen Disputation zu betrachten. Das Thema zwar, von dem das Druckheft handelt, ist vorangestellt; darauf folgt nun aber nicht der Name des Verfassers, sondern ein Relativsatz, in welchem mitgeteilt wird, dass eben diese schriftliche Disputatio oder Dissertatio mit Zustimmung der Fakultät unter dem Präsidium des Prof. N. N. auf einem bestimmten Tag zu bestimmter Stunde im Auditorium soundso zur öffentlichen Prüfung vorlegen wird der Respondent X. Y.

Man sollte es nicht für möglich halten, aber es ist leider so, dass Herr Köhler in der Redefigur: „examini publico proponit" ein „Examen" wittert. Er schreibt: „Die Promotionsschriften tragen auf dem Titelblatt zumeist eine der sie als Examenschriften kennzeichnenden Aufschriften, wodurch dieselben sich bereits äusserlich von den Privatdisputationen unterscheiden..... Die Formel „Dissertationem examini publico proponit" genügt, um eine Promotionsschrift als Examenschrift von einer Disputatio privata, welche nicht examini publico proponiert wurde, zu unterscheiden."

Das ist total falsch, so falsch wie die ganze Grundanschauung Köhlers von den Disputationes publicae und privatae. Tausendfach lässt sich der Beweis führen, dass jene Formel auf öffentlichen Disputationen vorkommt, die mit Promotionen und Examina nicht das Geringste zu thun haben. Der Himmel weiss, wie Herr Köhler bei der Durchsicht seiner 70000 Disputationen auf den Gedanken verfallen ist, Promotionsschriften und Disputationes publicae für identisch zu halten. Gewiss waren alle Inauguraldisputationen öffentliche, aber nicht alle öffentlichen Disputationen waren inaugurale.

Besondern Wert legt Herr K. auch auf die illustren Titulaturen beim Namen des Präses, indem er darin ein Merkmal erblickt für die Verfasserschaft des Respondenten. Ist nun schon an und für sich die ganze Untersuchung über die Autorschaft einer akademischen Disputation überflüssig, so ist a priori klar, dass dafür aus den „Titelblättern", wenn man weiss, was diese eigentlich vorstellen, nichts zu entnehmen ist, als höchstens das dann und wann dem Respondenten-Namen zugefügte mehr oder weniger verdächtige „Autor".

Aber es ist auch wieder thatsächlich falsch, dass jene illustren Titulaturen sich nur dann beim Namen des Präses fänden, wenn dieser nicht der Verfasser sei, also — nach der Köhlerschen Theorie nur auf Promotionsschriften (= öffentlichen Disputationen), nicht aber auf Privatdisputationen. Das Gegenteil zu beweisen genüge ein Beispiel: „Ex collegio Institutionum Imperialium disputatio XXIV et ultima De publicis judiciis. Quam ... Permissu ... ICtorum Ordinis ... Praeside Viro Praestantissimo ut et Doctissimo, Dn. Nicolao Wasmundt..... Ordinarii exercitii ergo Collegis suis Nobilissimis ... ad placidam ventilationem ... exhibet Johannes Willerus ... Ad diem XIV. Octobr. loco horisq; consuetis. Jenae 1618."

Hier liegt offenbar die Sache so. Wasmundt hat mit Erlaubnis der Fakultät ein privates Disputierkollegium über die Institutionen gehalten. Die Mitglieder derselben haben unter sich respondiert, was ihnen der Präses angegeben hat. Sie sind offenbar auch für den Druck der Einzeldisputationen aufgekommen, da der Respondent J. Willer die seinige seinem Mäcenaten als „Exercitiorum juris primitias" dediziert. Zweifellos ist der Präses der Verfasser. Der K.schen Theorie zum Trotz steht hier aber die illustre Titulatur vor dem Präses-Namen, und ist auch nicht einzusehen, warum sie fehlen sollte.

Man erkennt jedoch hieran wieder, wie fragwürdig und verfehlt tiefsinnige Deutungsversuche der „Titelblätter"-Formalien sind. Es ist ohne weiteres verständlich, dass bei den verschiedenen deutschen Universitäten, die nicht, wie heute in Preussen, von einer Centralbehörde aus reglementiert und nach Schema F kuriert wurden, in kleinen und grossen Dingen viel Willkür und Verschiedenheit geherrscht hat, die aller grauen Theorien spottet.

Thema und Namen, Ort und Zeit, dazu Art und Veranlassung der Disputation, das sind die Dinge, die man auf den „Titelblättern" sucht; alles Uebrige ist adminiculierendes Beiwerk. Die Art spricht sich in den Wörtern: publice, circulariter, privatim, bezw. in synonymen Wendungen aus; die Veranlassung in „pro loco", „pro licentia", „exercitii gratia", „valedictionis causa" u. s. w. Nicht immer steht das direkt auf den „Titelblättern"; dann erfährt man es aus der Vorrede oder den angehängten Glückwünschen, oder man erfährt es gar nicht.

Der Name der betreffenden Universität ist in der Regel angegeben, vielfach jedoch als Nomen proprium. Diese Eigennamen müssen von Bibliothekaren gekannt werden; zu Nutz und Frommen derer, die mit alten Universitätsschriften dienstlich zu thun bekommen, gebe ich im Anhang eine Tabelle der deutschen Universitäten mit ihren am häufigsten vorkommenden lateinischen Benennungen.

Es kommt jedoch vor, dass jede Andeutung der Universität mangelt. Der Druckort ist sogar oft weggelassen. Dann führt Einen der Name des Druckers auf die Spur, z. B. Daniel Meyer nach Altorf, Titius nach Leipzig, Zeitler nach Frankfurt, Nisius, Müller, Ehrich nach Jena, Gerdes und Eichsfeld nach Wittenberg, Kleyer und Nitribitt nach Würzburg u. s. w. Reicht das nicht hin, so ist die Ortszuständigkeit des Präses oder des Defendenten aus biographischen Lexicis (Jöcher, Zedler, Witte, Meusel, Bayle etc.) zu bestimmen. Trotz alledem wird noch manche Disputation „unbestimmbar" bleiben müssen.

2. Vom „Titelblatt" gehen wir über zu den Widmungen. Dieselben sind keineswegs auf Benefiziaten-Disputationen beschränkt gewesen, sondern erstrecken sich auf alle Arten von akademischen Disputationen. Vielleicht liegt hier der kulturhistorische Ursprung der Bücherdedikationen. Die Absichten, die ursprünglich dabei obwalteten, sind folgende gewesen.

Schon zur Zeit, als die gedruckten Disputationen noch nicht in Heftform, sondern als Plakate in Folio erschienen, scheint es Sitte geworden zu sein, sie gleichsam unter den Schutz eines hervorragenden Namens zu stellen und einer hochstehenden Person zu widmen. So tragen jene Disputier-Programme — denn das sind sie ihrem aus kurzen Streitsätzen bestehenden Inhalte nach — die Widmung am Kopf, „ut sic", wie Hieronymus Stor de Ostrach, der 1569 in Ingolstadt disputierte, sagt, „a rosorum et obtrectatorum morsibus tuo patrocinio suffultus tutior consistam alacriorque dimicem".

Dieser Glaube ist in jenen fernen Zeiten, wo die Autoritäten-Verehrung und der Respekt vor Standespersonen noch unerschüttert dastand, nicht weiter verwunderlich. Ausführlicher lässt sich darüber M. Chilianus Berchtold aus, der 1573 zu Ingolstadt unter Nicolaus Everhardus disputierte: „. . . . non immerito etiam scholasticae illae assertiones summis viris inscribuntur, ut vel sic saltem illorum virtute atque splendore caninos horum [sc. male feriatorum hominum qui cuncta nisi quod ipsi faciunt carpere atque reprehendere solent] dentes effugiant". Dazu fügt er dann noch: „Huc accedit et illud quod erga eos, qui magna multaque in nos contulerunt beneficia, animi grati significationem ostendere possimus, dum non muneris quantitas, sed animi donantis observantia consideratur".

Aehnlich wie Berchtold schreibt Seb. Welling, Ingolstadt 1584, in der Dedikation seiner Conclusiones, Praes. Nic. Everhardo: „Ich habe hier viele sehr gelehrte Leute respondieren sehen, aber nicht einen, der seine Thesen ohne einen erhabenen Protektor in die Oeffentlichkeit gelangen liess. Zwei Gründe finde ich dafür. Arbitror etenim ad hoc illos fuisse motos, vel quod metuerent malevolorum injurias et calumnias, quibus hoc fortassis pacto commodissime obviam iri posse credebant: vel cum viderent plurima in se collata esse beneficia ut hac saltem ratione benefactoribus aliquo modo gratos sese exhiberent."

Die Momi müssen dazumal doch bei jeder Disputation sehr laut geworden sein, da fast jedes Vorwort dieselben abzuwehren beflissen ist. Soll man daraus schliessen, dass der Gebrauch gedruckter Thesen noch nicht recht eingebürgert war und man sie auch ihres geringen wissenschaftlichen Gehaltes wegen nicht für druckenswert angesehen hat? Der Disputation des M. Leon. Zindecker, Ingolstadt

1586, schickt deshalb der Präses Frid. Martini folgende Distichen voraus.

> Disputationis Praeses in Momum.
> Perfacile est theses aiunt conscribere cuivis:
> Haud nego, sed labor est solvere quaeque bene.
> Id cui si dubium est, faciat licet ipse periclum,
> Mox fuerit studiis aequior ille meis.

Ganz übereinstimmend mit den Ingolstadtern lässt sich hundert Jahre später Chr. Ernst v. d. Sachsen in seiner Disputation, Erfurt 1677, also vernehmen: „Die Gründe, seine Publikation unter ein hohes Patronat zu stellen, sind verschieden. Die Einen halten es bloss für eine besondere Ehre, ihre Arbeit mit einem hohen Namen zu zieren. Mehr noch meinen, „Magnificorum titulorum quasi sub umbone ab omni calumniarum insultu latere posse". Nicht wenige auch glauben, für genossene Wohlthaten auf diese Weise der Pflicht der Dankbarkeit genügen zu sollen, wenn sie der Gelehrtenwelt mitteilen, wieviel sie ihren Mäcenen und Patronen verdanken".

Jedenfalls hat Benedict Hahn aus Amsterdam, der 1663 in Jena publice disputierte, Recht von einem „mos Studiosis jam diu in Academiis receptus" zu sprechen, wenn er den heimischen Mäcenaten seine Disputation zueignet. Beumer aber schiesst in Erfurt 1693 den Vogel ab, wenn er seine Inauguraldisputation mit einer längern Ansprache — dem lieben Gott widmet.

3. Auf die Widmung folgt die Vorrede. Sie dient dem gleichen Zweck und ist eine captatio benevolentiae lectoris. Alexander Euryalus, der 1569 in Ingolstadt disputierte, spricht sich darüber folgendermassen aus.

„Ex frequenti autem publicarum disputationum usu animadverti, haud absque ratione antiquitus introductum et longo tempore laudabilique studio in alma universitate nostra esse usitatum, ut quotiescunque eruditionis suae specimen aliquis edere vellet (quandoquidem multorum censuram non subire non posset) praefatione aliqua uteretur. Qua quidem in praefatione et instituti sui causas et animi intentionem quisque sui satis explicare solebant. Ac tandem ita scripta sua a morsibus Zoilinis libera esse et salva opinabantur."

Damit will wohl gesagt sein, dass an derartige Tirocinien keine allzu hohen Anforderungen gestellt werden dürfen. Mancher Autor-Respondens und Promovendus gesteht auch offen die Geringwertigkeit seiner Disputierschrift ein, er giebt sie nur heraus, weil es der akademische Brauch erfordert. „Alias ego confiteor", schreibt Kriwitz, Basel 1647, in seiner Inauguraldissertation, „me non esse ex numero eorum qui scribendi cacoëthe laborant. Statuo potius cum Sanioribus, satis scriptum esse: disputatum satis: praesertim in Jurisprudentia nostra; utpote quae non minus ac illa quae olim fuit mole sua ruinam minari videatur". Und Hertwig, der 1691 in Erfurt inauguraliter disputierte, sagt in der Vorrede: „Ego ingenue fateor, benevolum Lectorem ea omnia quae in paginis sequentibus, De Temporibus Juris, continentur, etiam ab aliis et me quidem longe prudentioribus haurire posse juris autoribus... Mihi enim propositum haud aliud est, quam ut consuetudini Academicae satisfaciam".

Wer indes etwas mehr von seiner Arbeit hält, zitiert wohl, um die Kritiker für sich einzunehmen aus Hugo Grotius, Proleg. Operis de Jure belli ac pacis, den Satz: „Non me promtius monebunt errantem quam ego monentes sequar".

Gewöhnlich schliesst dann die Vorrede oder Einleitung mit einer Anrufung des Namens Gottes oder der heiligen Dreieinigkeit. Bei den Theologen ist das selbstverständlich; aber auch die „bösen Christen" befolgen nach dem Vorbilde ihres Sacratissimus Imperator die löbliche Sitte und schreiben z. B.: „Primordia autem laborum a Divini Numinis ordiri invocatione cum Imperatore Sacratissimo fert animus, jubet pietas. Ter Optimum igitur Maximumque Regum Regem pro felici ac exoptato successu supplicibus lacesso precibus!"

4. Der Text bestand anfänglich aus einer Reihe von Thesen, „quae Colloquio sufficiunt de iis instituendo". Dieselben waren entweder ohne innern Zusammenhang nur äusserlich aneinander gereiht oder handelten über ein bestimmtes Thema. In den ältesten Disputationen fehlt noch der wissenschaftliche Apparat, d. h. die Autorenzitate. Später treten gelehrte Anmerkungen auf, die am Ende in den Text selbst hineinrücken, so dass dieser nun die Thesenform aufgiebt und in eine Dissertatio oder Commentatio, einen Discursus oder Tractatus übergeht.

5. Da treten dann im Anhange die Corollaria oder Superpondia auf, auch Mantissa genannt, als fassliche Streitsätze für die mündliche Disputation. Oft sind sie die einzige Zuthat des Respondenten zur Dissertation des Präses, der sie sich inhaltlich meist anschliessen. Handelt es sich überhaupt um eine Präsesdisputation, so erscheinen die Zuthaten ausdrücklich unter dem Titel: „Corollaria (s. Superpondia) a Respondente adjecta."

6. Den Schluss der Disputierschrift bilden die Zuschriften des Präses, der Professoren, der Freunde und Tischgenossen teils in Prosa, teils als Carmina gratulatoria. Die der Ersteren sind im allgemeinen ernst und würdig gehalten, die der Freunde meist überschwänglich, den Disputanten als einen Ausbund von Gelehrsamkeit, als eine Lux mundi und ein Decus patriae hinstellend. Man kann sich wohl darüber verwundern, dass diese Glückwünsche und Seligpreisungen schon vor der mündlichen Disputation, durch die sie doch eigentlich erst ihre Rechtfertigung erfahren sollten, mitveröffentlicht wurden. Allein man kann sich auch denken, dass es sich nicht gelohnt hätte, bloss um ihretwillen die Druckerpresse noch einmal in Bewegung zu setzen. So erschienen sie denn gleichzeitig mit der Disputierschrift, den glück-

lichen Ausgang des öffentlichen Aktes voraussetzend. Schlimm für den Respondenten und seine Testanten, wenn der Erfolg den Erwartungen nicht entsprach. So lange indes das Disputieren auf Universitäten mit Ernst und Eifer betrieben wurde, war ein Abfallen wenig zu befürchten; und als im 17. Jahrhundert die Disputationen zu der von Thomasius gegeisselten Farce herabgesunken waren und die unfähigsten „Respondenten ex Tacito" vom Präses auf dem Katheder durchgehalten wurden, konnte der Hohn kaum vermehrt werden durch die für gutes Geld oder eine versprochene Zeche erlangten Ehrengedichte.

Aber woher diese Sitte und welchen Zweck hatten die genannten Zuschriften und Carmina?

Jede öffentliche Disputation war ein akademisches Schaugericht, ein Fest, das unter lebendiger Teilnahme der ganzen akademischen Bürgerschaft begangen wurde. Im Mittelpunkt desselben stand der Disputant (Respondent oder Präses); Sympathie und Antipathie oder blosse Neugierde bewegten die Herzen der Corona. Ausser den zwei oder drei ordentlichen Opponenten beteiligten sich die Professoren und Magistri und ältere Studenten, alte erfahrene Dialektiker, von deren Witz und Wissen man profitieren konnte; auch ungeübtere Talente wagten schüchterne Rede und mussten, wenn sie in der Logik fehlten, Zurufe wie Barbara, Darapti, Felapton dahinnehmen. Allen sollte der Respondent Rede und Antwort stehen. Der Präses half ihm. Der Dekan mit den Pedellen wehrte Störungen und Ungebührlichkeiten ab. Nimmt man dazu die Amtstracht der Akademiker, die Ausschmückung des Auditoriums mit Teppichen und Blumen, so gestaltete sich der ganze Akt zu einem glänzenden geistigen Kampfspiel, eine Art Turnier, das während einiger Stunden anregende Unterhaltung bot und noch tagelang ob seines Verlaufs die akademische Bürgerschaft beschäftigen konnte.

Kein Wunder, dass diese allgemeine und öffentliche Teilnahme an einer Disputation sich auch auf die Disputierschriften übertrug und in den angehängten Glückwünschen zum Ausdruck gelangte. Hier scharte sich gleichsam die Claque um den Respondenten, deren Geleit er beim öffentlichen Aktus nicht vermissen sollte, und die Zuschriften der Professoren wie des Präses gaben ungefähr die Richtung an, in der gewünscht wurde, dass die Disputation verlaufen möchte.

Vielfach vertraten die Disputationen die Stelle akademischer Fleisszeugnisse. Nach dieser Seite hin dienten die Zuschriften des Präses und sonstiger Lehrer nur noch zur Vervollständigung und Bekräftigung. Aber auch die Carmina der Freunde waren, wenn auch materiell oft lächerlich, für die Angehörigen des Respondenten in der fernen Heimat sicher nicht ohne praktische Bedeutung. Gemäss dem Spruche: „Sage mir, mit wem du umgehst, und ich will dir sagen, wer du bist!" konnte man daraus entnehmen, in welchem Kreise und wie der Betreffende seine Studienzeit verlebte. Den Eltern dient es jederzeit zur Beruhigung, ihre Söhne unter den Gefahren des akademischen Lebens in guter Gesellschaft zu wissen.

Abusus non tollit usum. Selbstverständlich ist wie mit den Disputationen überhaupt, so auch mit den Carminibus gratulatoriis Missbrauch getrieben worden. Und Thomasius, der scharfen Tadel darüber aussprach, hat wohl auch veranlasst, dass diese Glückwünsche in Halle von Anfang an so ziemlich unterblieben und auf die Zuschrift des Präses beschränkt wurden. Der Missbrauch ist aber zu allen Zeiten des Brauches Begleiter gewesen und erst mit diesem selbst verschwunden. Indessen dem Abusus disputandi will ich das folgende Kapitel widmen.

Hier seien nur noch ein paar Worte über die **Druckkosten** gestattet. Im allgemeinen trug sie der Disputant, mochte er als Präses oder Respondens fungieren, sofern sein persönliches Interesse mit der Disputation verknüpft war, also bei den Disputationen pro loco, pro gradu, exercitii causa ad complendum, wie überhaupt bei allen Disputationes extraordinariae. Die gedruckten Dissertationen waren als Einladungsschriften an sämtliche Universitätslehrer und andere Honoratioren auszuteilen. Die Höhe der Auflage wird sich wohl nach der Frequenz der Universität gerichtet haben. Bei den ordentlichen Disputationen, die die Professoren ex officio hielten, wurden keineswegs immer Druckschriften veröffentlicht. Bei der Menge der öffentlichen Disputationen, namentlich in der Artistenfakultät, wäre das auch ganz undurchführbar gewesen. Hier bestimmte dann z. B. in Leipzig der Dekan, was in Druck gegeben werden sollte.[1]) In den obern Fakultäten, wo weniger disputiert wurde, musste der Professor-Präses in erster Linie den Druck besorgen lassen. So bestimmen z. B. die Statuten der Leipziger medizinischen Fakultät von 1543, dass jeder Professor jährlich mindestens vier Disputationes ordinariae halten solle. Er bezog dafür aus dem Aerar jedesmal drei Goldgulden, sein Respondent fünf Groschen. Den Druck der Disputierschrift hatte aber der Präses zu bezahlen, ausser wenn der Respondent gleichzeitig „pro completione ad gradum aliquem" disputierte; dann nämlich hatte dieser die Last „de more veteri". Dass bei den Disputationes circulares in Erfurt von Seiten der Universität zu den Druckkosten beigetragen wurde, ist schon oben erwähnt.

Nicht viele Universitäten mögen den Studierenden so entgegengekommen sein. In den Marburger Statuten z. B. ist von Subsidien seitens der Universität nicht die Rede. Die einzige Rücksichtnahme auf den Geldbeutel der Respondenten zeigt die theologische Fakultät mit der Bestimmung: „Ad disputandum materiae seligantur utiles eaeque ne nimis prolixe deducantur, sed tractentur breviter, ne multitudine pagellarum imprimendarum graventur studiosi, ac inde a publicis absterreantur exercitiis." Dabei schrieben aber die Präsiden die Disputationen, die der Respondent drucken liess,

---

1) „Quisque suo semestri decanus unus ex disputationibus ordinariis capita, ea cura atque diligentia explicata, ut recte divulgari posse videantur, curabit a typographo edenda." (Achte Statutenredaktion der phil. Fak. v. 1558.)

Ausdrücklich wird gesagt: „Ipsi praesides conscribant disputationes: studiosis ne permittant scribendas."

So lange das Disputationswesen blühte und eine öffentliche Disputation nebst den academischen Graden etwas bedeutete, mochten die Studierenden die Disputationskosten so gut wie die Kollegienhonorare zum notwendigen Studienaufwand rechnen. Als aber vom 17. zum 18. Jahrhundert hin der scholastische Studienbetrieb verfiel und das Morgenrot selbständiger wissenschaftlicher Forschung in Halle und Göttingen aufging, da scheuten allmählich die Studierenden das Disputieren. Bloss um die Elaborate der Professoren oder auch eigene, die aber jene sich zurechnen liessen, drucken zu lassen, mochten sie ihr Geld länger nicht hergeben, lieber legten sie es da an, wo leider der Student viel zu viel hinträgt. „Neque earum quoque [disputationum] tanta est seges, quanta olim solet succrescere. An ab eadem inopia [pecuniae], an quia dulcius propinando pecunia, quam disputando insumitur?" — lautet ein Zitat in Neubauers Dissertatio de exercitiis disputandi. Halae 1730.

Um die Mitte des 18. Jahrhunderts war man bereits so weit gekommen, dass ein Jenenser Professor, wie wir bereits sahen, schreiben konnte: „man müsse sich die Respondenten fast erkaufen." Konnten da bei sothanen Umständen die Professoren noch ihrer statutenmässigen Pflicht genügen, so und so oft im Jahre ordinarie zu disputieren? Nein, die akademischen Disputationen waren tot und alle Versuche, den Leichnam zu galvanisieren, vergeblich. Der Parlamentarismus des 19. Jahrhunderts musste erst erstehen, um der Sophistik und Rabulistik Gelegenheit zu geben, sich von neuem öffentlich zu bethätigen.

Kapitel 10.
Der Abusus disputandi und die Hallenser Reformbestrebungen.

Vorzüglich um ihres subjektiven Nutzens willen waren die Disputationen in den Mittelpunkt des akademischen Unterrichtes gestellt worden. Sie prüften das Wissen und Können der Studierenden, sie übten in der Anwendung des Gelernten, sie schärften Verstand, Urteilskraft und Gedächtnis, sie verhalfen zur Wohlredenheit, zum gewandten Gebrauch der lateinischen Sprache, und wenn sie, was ihr objektiver Zweck war, auf Ermittelung der Wahrheit sich richteten, so verband sich mit der Vermehrung der Einsicht auch eine Bereicherung und Stärkung des Wollens und des sittlichen Charakters.

Aber es ist keine Einrichtung so gut, dass sie nicht unter den Händen der Menschen entarte und sich in ihr Gegenteil verkehre. Den Keim des Verderbens trugen die akademischen Disputationen von Anfang an in sich, da die Erlangung äusserer Vorteile an sie geknüpft wurde.

Die heftige Anklage, die Mommsen in neuerer Zeit gegen die Missbräuche im Promotionswesen erhoben hat, ist zwar ganz zeitgemäss, aber keineswegs neu gewesen. Denn die Käuflichkeit der akademischen Grade ist so alt wie das Institut selbst. Schon in Felix Platters Selbstbiographie findet sich das französische Sprichwort: Sumimus pecuniam et mittimus asinum in Germaniam. Dass aber die französischen Universitäten die Esel nicht bloss ins Ausland verkauften, sondern auch im Lande behielten, lehrt uns Lud. Vives mit den Worten: Nominent mihi vel unum iis ducentis annis rejectum qui versatus praescripto tempore in scholis certam illam pecuniam dependerit, quacunque aetate, conditione, ingenio, peritia, moribus. Si quis non credit, inspiciat tot per Galliam cerdones, fartores, coquos, latronesque artium vel magistros vel batalarios, nec desunt in Germania, nec Italia. Si quis alibi non invenit, Romae quaerat." Das gilt von Juristen, Aerzten und Lehrern. Besonders zu beklagen sei es, dass alljährlich so viele batalarii, licentiati und magistri der Heilkunst von den Akademien in die Städte und Dörfer als Henker gleichsam geschickt würden („tanquam carnificum manus emittuntur"). Aber auch Lehrer könne man sehen, die selbst noch des Pädagogen bedürften und die sich Magister nennen liessen in Künsten, von denen sie kaum die ersten Rudimente begriffen hätten. Das Uebel habe aber seinen Anfang genommen, seitdem die „prava vel honoris vel pecuniae cupiditas animos disputantium invasit." Demgemäss findet Vives die Hauptgründe für die Verderbung der Wissenschaften in der Habsucht und Eitelkeit der Gelehrten: „Duo sunt vitia ab omni eruditione atque eruditis longissime pellenda, avaritia et honoris cupiditas, quae simul artes corrumpunt, simul literatos ac literas adducunt in contemptum."

Das schrieb Vives in der Mitte des 16. Jahrhunderts, indem er auf zwei Jahrhunderte zurückweist. Die Klagen dauern fort. In der Bielke-Lansiusschen Commentatio de academiis, Tübingen 1619, ist die Rede von „Doctores, die dess macherlohns nicht werth sind" und „tritum lippis fere et tonsoribus notum" wird genannt jenes „sumimus pecuniam et mittimus asinum in patriam." Thomasius kennt den Spruch; Lichtenberg führt ihn im 18. Jahrhundert im Munde, und der Franzose Victor Tissot wärmt ihn in einem seiner bekannten Reisebücher noch in unsern Tagen auf, um den deutschen Universitäten etwas am Zeuge zu flicken, ohne zu wissen, dass er aus Frankreich stammt.

Besonders arg muss es im 17. Jahrhundert mit den faulen Doktor-Promotionen gewesen sein. Da schreibt B. Schuppius im Tractat „Der Teutsche Lehrmeister": „Desinit esse dignitas quae cadit in indignos. Sehet doch wie solche Dignitäten und Ehren-Titul so schändlich missbrauchet werden. Wenn einer ein Jahr oder zehen auf Universitäten gefressen und gesoffen, und hat seinen Vater mehr verthan als seine andern Brüder und Schwestern in der Erbschafft bekommen können, und will endlich nach Hauss, so wendet er seines Vaters letzten sauren

Schweiss dran, nämlich das Geld, welches sein Vater mit der Hand-Arbeit erworben, und kaufft einen Magister, einen Licentiaten, einen Doktor dafür..."

Aehnlich spricht sich der Leipziger Theologe Joh. Bened. Carpzov in einer Leichenrede vom „Feinen Studenten" aus: „Oder gesetzt, man habe etwan einen Doktor aus Frankreich oder Italien für den Sohn durch Wechsel übermachen lassen, oder auch wohl mit Gelde in Teutschland erkauffet, massen wir denn die Künste auch gelernet, aus Eseln Doctores zu machen...; So ist's doch nur Verachtung und Spott damit, indem Verständige einen solchen in Ehren ohne Ehren sitzenden Tölpel, der den Titel des Doctorn ohne That führet, nur auslachen. Exempla sunt odiosa, sonsten were reiche Materie es stattlich mit vielen Exempeln auszuführen."

Zielt Carpzov mehr auf die Promotionen in absentia, so sagt uns Besoldus in seinem Thesaurus Practicus, wie es bei den Promotionen in praesentia zuging.

„Da kompt offt mancher her mit etlich wenig Bogen,
(Die er doch nicht gemacht) gross pralend auffgezogen,
Und sagt, dass seye nun sein Disputation,
Die Er pro gradu hält, versteht doch nichts davon.
Dann wann Herr Urian hinkompt auf das Catheder
So schweigt Er wie ein Mauss, ihm zittert sein Geäder
Und alle Därm im Leib, weiss weder aus noch an,
Weil Er kein Argument nicht assumiren kan.
Wie im Examine sie als die Stummen schweigen,
Vnd ihr Unwissenheit mit Reden mehr bezeugen
Das ist genug bekaut, und hat ein kleiner Spalt
Offt solches offenbahrt, wiewol mans heimlich halt.
Noch gleichwol kompt hernach der Präses auffgetreten
Vnd sagt uns, wie wir da ein Candidatum hätten,
Der wär so hoch gelehrt, in allen so versirt,
Dass Er die Doktors Stell wol doppelt meritirt."[1])

Gottfried Arnold aber, der 1686 in Wittenberg Magister wurde, danach eine Zeit lang als Professor in Giessen lehrte, welches Amt er freiwillig aufgab, bezeichnet in seiner Kirchen- und Ketzerhistorie die Verleihung der akademischen Grade ohne Unterschied als „einen Kauffhandel mit den Doktor- und Magister-Mützen."

Besonders skandalös muss das Treiben in Welschland gewesen sein. Paullini (Lagographia curiosa, Aug. Vind. 1691) erzählt, dass

---

[1] Nicht minder witzig ist folgende Schilderung Besolds, die Brügmann (Praes. Alberti).Disp theol. de honoribus academicis, Lipsiae 1697, ausschreibt: „Non immerito vana Magisteria rideantur, cum nempe stultus adolescens, Magisterii insignia recepturus Cathedram ascendit, cuncta jam despiciens quasi ex alto, & quid murmurans confusum vel praescriptum, cum Praeceptores illum celebrant seu amore seu errore, tumet ille, vulgus stupet, applaudunt cognati & amici, tinniunt campanae, strepunt tubae, volant annuli, & vertici pileus imponitur Magistralis; his peractis descendit sapiens, qui ascenderat stultus, transformatione prorsus mira, quam ipse Ovidius nesciebat."

die Bürger von Avignon im J. 1641 zur Verhöhnung des ganzen Promotionswesens einen wirklichen Esel nach feierlichem Aufzuge rite et solenniter zum Doktor promoviert haben. Und Itter (De honoribus s. gradibus academicis. Francof. ad Moen. 1698, p. 250) berichtet aus Italien folgende boshafte Anekdote: „Fabius Benevoglientes, praestantissimus ICtus, qui cum iret, ut Doctorem aliquem faceret, forte in via in asinum incidit, qui diducto rictu speciem quandam ridentis efficiebat: in quam intuens, quid rides, inquit, inepte? te quoque possumus, si nummi veniant, in numerum atque ordinem Doctorum impellere."

Wenn somit die akademischen Grade verrufen und zum Gespött geworden, dass Manche sich schämten davon Gebrauch zu machen, so kann man es den Bürgern der italienischen Stadt Norica nicht verübeln, dass sie, wie berichtet wird[1]), nur unstudierte Leute in die Verwaltung ihres Gemeinwesens beriefen, wonach jene vier Männer, aus denen der Senat bestand, ausdrücklich „li quattri illiterati" genannt wurden.

„So sehen auch allbereit Fürsten und Herren wegen dieses Missbrauchs, wenn sie Leute zu ihren Bedienungen brauchen, nicht mehr darauf, ob man promoviret, sondern ob man was rechtschaffenes gelernet habe, zudem erfordert man an manchen Orten heutiges Tages lieber unpromovirte als promovirte Leute." (Thomasius in Monathl. Gesprächen, Novemb. 1688.)

Die damit verbundenen Privilegien reizten zur Erwerbung akademischer Würden. Der Doctor utriusque juris stand im Adelsrang, er wurde Advokat, Syndicus und Richter und gelangte in gut bezahlte Verwaltungsstellen. Der Doktor der Medizin wurde auf die Menschheit losgelassen und erhob vom Medizinaberglauben reichliche Sporteln. Der Magister artium suchte und fand in einer wenn auch kärglichen Schulstelle sein Brot.[2]) So waren die akademischen Grade vielen Studierenden die unerlässliche Bedingung zum Fortkommen im bürgerlichen Leben. Was Wunder, dass sie um jeden Preis, auch mit unlautern Mitteln, erworben wurden? Und folgte nicht daraus, dass die Inauguraldisputationen zu unwürdigen, theatralischen Gaukeleien herabsanken und dass über die statutenmässig vorangehenden Disputationen pro completione hinweggesehen werden musste?

Damit hatte man aber den Wert der akademischen Disputierübungen überhaupt preisgegeben.

Selbst wenn noch ernsthaft disputiert wurde, geriet man auf Abwege, sobald das persönliche Interesse des Respondenten Sieg erheischte

---

1) Vgl. Diss. acad. de nobilitate, Praes. J. G. Scherz, Auctor F. A. Zentgraff. Strassburg 1709.

„2) Longo abhinc tempore compertum est, nimium facilem graduum academicorum et promiscuam collationem ecclesiae obtulisse hypocritas et lupos in theologia, tyrannos et leones reipublicae in jurisprudentia, homicidas et dracones familiae in medicina, scholae Orbilios et asinos in philosophia." Erfurter Statuten von 1634.

und weder der blosse Uebungszweck, noch die Wahrheitsgewinnung im Auge behalten wurde. Man vergass die Regeln der guten Disputation und stritt und lärmte mit Sophistereien, Injurien und allerhand Fechterkniffen — oder man überhäufte einander mit Schmeicheleien, die auch Weise zu Thoren machen musste. Denn siegen wollte und musste der Respondent, zeigen wollte aber auch der Opponent, dass er was könne. So lag die Eitelkeit im Felde und korrumpierte das Disputierwesen. „Tragödien" und „Komödien" nennt Thomasius diese Disputationen.

Aber wie war das Uebel von den öffentlichen Disputationen fernzuhalten? Luther hatte es wohl erkannt, wenn er einmal äussert: „Hoc malum Disputationes afferre quod animi quasi profanantur et rixis occupati, quae praecipua sunt, negligunt", und ein ander Mal, dass im Disputieren die Wahrheit mehr verloren gehe als gefunden werde. Deshalb wünschte auch Picus von Mirandola, dass um der Wahrheit willen privatis in locis semotis arbitris disputiert werde, da die öffentlichen Disputationen ad ostentandam doctrinam et captandam auram popularem nur Schaden anstifteten.[1])

Der Abusus disputandi war also der ständige Begleiter des Usus. Die privaten, persönlichen Interessen der Studierenden mussten mitwirken, wenn überhaupt die vorgeschriebenen Disputierübungen zustande kommen sollten; denn dass sie Selbstzweck waren, reichte nicht aus. Und die Professoren bedurften derselben teils um ihres Einkommens willen, teils zur billigen Publizierung ihrer Studienergebnisse. Wie sehr sie in diesem Punkte auf Respondenten angewiesen waren oder wenigstens rechneten, geht u. a. aus einer Note bei Neubauer, de exercitiis disputandi ... Halae 1730, hervor, wo er von einer Dissertation spricht „jamjam elaborata, ac si respondente non destituar mox habenda", sowie aus der Aufforderung, die er zum Schluss an die Studierenden richtet, dass sie fleissiger disputieren möchten: „Scrinia docentium repleta sunt variis generibus dissertationum, cum blattis ac tineis concertantium, litteris corrosis ac longa vetustate collabentibus. Has a situ, quo corrumpuntur, liberate utque publicae exponantur luci, huicque ac futuro aevo inserviant, efficite."

Die alten Universitätsstatuten enthalten wohl Vorschriften wider den Missbrauch der Disputationen, aber eben dadurch beweisen sie uns auch, dass er im Schwange war. So sagen die Erfurter Statuten von 1447: „si quis magistrorum vel doctorum convictus fuerit, quod imperitum vel non ydoneum promovisset, ille sit actu suspensus a promocione donec universitati videatur quod sit pro suo excessu punitus sufficienter."

Die Wittenberger von 1508 bestimmen: „Disputationes ipsae sint sincerae, amicae, non clamorosae et odiosae, magis ad eruendam veritatem quam ad inanem gloriam aucupandam accommodatae."

---

1) Gumpelzhaimer Gymnasma de exercitiis academicis. Argent. 1652. S. 190 f.

Die Marburger von 1653 wollen: "Praesides operam danto, ut in omni disputatione status controversiae probe candideque formatur, nec ulli dissentientium parti aliena sententia affingatur nec patiuntur sive opponentes sive respondentes extra quaestionem vagari." Ferner: "Cavillationes locus ne esto, nec disputationes in jurgia et acerbas altercationes exeunto, sed utrinque justa servatur modestia." Und: "Neque tamen Praesides tam morosi sunto, ut primam quamque responsionem tanquam oraculum ab opponente velint accipi et vel mox silere compellant, vel modeste instantem duriter habeant."

Soweit das Wie der Disputationen; das Was fiel unter die Vorschrift: "Ad disputandum materiae seligantur utiles" (Marburg), "die auch nutzlich und brauchlich, undt also der Mühe undt Zeitt werth seindt" (Strassburg) — "inter disputandum sollen nur nützliche und strittige Dinng movirt, nit aber de lana caprina disputirt werden" (Heidelberg) — "materia tempori et loco apta semperque tamen utilis ad erudiendos auditores" (Erfurt). Auch daran nämlich liess man's fehlen und disputierte oft, wie die sprichwörtliche Redensart lautete, "de lana caprina", worunter die Quaestio zu verstehen ist: An lana caprina crispa sit instar ovinae an pendula? Solches Disputieren nennt Hornejus († 1649) im "processus disputandi" ein "splendide nugari", und Balthasar Schuppius (Tractat von der Kunst reich zu werden) vergleicht es mit Seiltänzerei.¹)

Kurzum, in der zweiten Hälfte des 17. Jahrhunderts war das Disputierwesen so ziemlich ausser Rand und Band geraten. Soll man allein den Professoren, die doch als Präsiden die Aufgabe des conflictus moderator zu erfüllen und die statutarischen Vorschriften zu beobachten hatten, die Schuld geben? Thomasius thut dies freilich in überstrenger Selbstkritik. Er sagt im Programm zur Quaestionum Dodecas:

"Unser Ehrgeiz ist Schuld an den Uebeln. Sufficit, quod fama nostra disputationibus istis nitidius elaboratis augeatur."

"Unsre Habsucht ist Schuld. Sumimus pecuniam et saepe mittimus ineptos in inferiorem cathedram."

"Unsre Unwissenheit ist es, die uns hindert, die Fehler der Studierenden zu sehen und zu verbessern."

Aber dass die Uebel, die die Disputationen von jeher begleitet hatten, im 17./18. Jahrhundert zur völligen Auflösung desselben führten, lag doch auch in den Zeitverhältnissen, andernfalls müssten die

---

1) Auch "Eselsbrücken" müssen im Gebrauch gewesen sein. Gumpelzhaimer schreibt nämlich: "Vitiosissimae quoque sunt Disputationes quae ex authoribus quaestionariis instituantur, ita ut materia qua disputatur nihilominus sit cognita. Haec perversa & desultatoria discendi & disputandi ratio ab annis aliquot in scholas invasit & quandam quasi Tyrannidem aut quae Tyrannide major Anarchiam duxit."

Reformbestrebungen der Hallenser Professoren erfolgreicher gewesen sein, als sie es waren.

Die Gründung der Universität Halle fiel in die Uebergangsepoche vom alten zum neuen Glauben. Der alte Glaube war der Glaube an die Autorität der Alten, die man auslegte und nachahmte; der neue Glaube war der von Baco und Cartesius geweckte, von Leibnitz verbreitete Rationalismus, der Gebrauch der eigenen Vernunft und das Leben in der Gegenwart. Die Universitäten, bis zum 17. Jahrhundert blosse Lehranstalten, waren dann eine Zeit lang banausische, weltlich-politische Nützlichkeitsanstalten und entwickelten sich in der Folgezeit zu Forschungsanstalten. In jenen hatte das Disputieren Zweck, da die Argumentationen von Autoren ausgingen und mit Autoritäten die Wahrheit entschieden oder der Sieg erstritten wurde. Mit dem Glauben an die Alten verfiel die Wertschätzung und die Uebung der alten Sprachen und damit auch die Lust und Fähigkeit zu akademischen Disputationen. Zudem hatte der dreissigjährige Krieg mit dem humanistischen Bildungsideal aufgeräumt, indem er die Schulen zerstörte.

Auf Universitäten aber, die Forschungsanstalten sein wollen, hat das Disputieren keine Stätte. Denn hier ist das Wissen in beständigem Fluss, in dauerndem Werden. Zu disputieren ist hier weder über das, was wir wissen, denn die Wahrheit von heute kann morgen schon gestürzt sein, noch über das, was wir nicht wissen, denn ein Tag lehrt den andern. Disputieren ist deduzieren, forschen aber induzieren.

Nun fehlte noch viel daran, dass die neue Universität Halle sofort mit den alten Traditionen gebrochen und neue Lehrweisen eingeführt hätte. Sie fühlte mehr die neue Zeit, als dass sie sich des Geistes einer neuen Aufgabe bewusst gewesen wäre. Nur dessen waren sich die Lehrer der Fridericiana bewusst und darin waren sie alle einig, dass sie die Gebrechen des seitherigen Lehrbetriebes nicht konservieren, sondern reformieren mussten. Dahin gehörte der Abusus disputandi. Was sie sonst gethan haben, um dem im Zeitalter Ludwigs XIV. entstandenen neuen Bildungsideal eines vollendeten Hofmannes gerecht zu werden, ist bei Paulsen, Geschichte des gelehrten Unterrichts, nachzulesen. Es war also das Bestreben der Hallenser, das Disputierwesen von den eingerissenen Missbräuchen zu reinigen und auf seine alte gesunde Basis zurückzuführen. Den Anfang dazu hatten aber die Professoren bei sich selbst zu machen. In dieser Erkenntnis schreibt Thomasius: „Justum est igitur, ut cum Doctores esse debeamus Juvenum, ne in errores invidant, ipsimet de propria emendatione incipiamus cogitare, imo justum est, ut ego, cum honoratissimi mei Collegae jam dudum et exemplo et doctrina sua juventutem ab erroribus strenue revocent, non ulteriorem moram hac parte committam, sed et quod in me est, ipsos praeeuntes, quamvis non gressibus aequis, sequar."

Es meinen zwar Manche, man müsse im Interesse des Wachstums der neuen Akademie nachsichtig sein. Aber, sagt Thomasius, „quis fine impietatis nota ex Academiis theatra aucupandae vanae gloriae faceret? Quis sine justissima censura novas potissimum Academias vellet habere pro Asylis ignorantiae in quibus excrementa aliarum scholarum solacium invenirent et protectionem? Quis non potius ad officium professorum pertinere justissime contenderet, ut omnibus modis operam dent, quo utrumque hoc Disputationum vitium [sc. vexatio und adulatio] e novis potissimum Academiis exulet et legitimae Disputationes instituantur et Sophismata pariter ac rixae, atque adulatio illa pestilens in tempore consilium abeundi accipiant?" Ich wenigstens, fährt Thomasius fort, werde mich allezeit bemühen, die Jugend durch Lehre und Beispiel an die Weise einer ordentlichen Disputation zu gewöhnen.

In dem Disputatorium, das Thomasius mit diesem Programm 1693 ankündigte, machte er den Versuch, seine Reformbestrebungen in die Praxis zu übersetzen. Zwölf Teilnehmer hatten sich gefunden. Donnerstags sollte vierstündig disputiert werden und zwar die ersten beiden Stunden in geschlossenem Kreise, die andern beiden unter Beteiligung des Auditoriums. Nicht eigene Disputierschriften, sondern ein Autor wurde zu Grunde gelegt, der abschnittweise von je einem Respondenten gegen zwei Opponenten erläutert wurde. Thomasius leitete die Disputation in der Weise, dass er eingriff, wenn auf einer Seite gegen die Regeln der guten Disputation gefehlt wurde, und Respondenten wie Opponenten wieder ins richtige Geleis brachte. In der öffentlichen Disputation gab dann Thomasius selbst das Beispiel eines guten Respondenten, indem er eine Frage von allgemeinerem Interesse zur Debatte stellte und die von vornherein keineswegs gegebene Entscheidung aus Rede und Gegenrede zu gewinnen trachtete.

Das Disputierprogramm, mit dem in hergebrachter Form zur jedesmaligen öffentlichen Disputation eingeladen wurde, schrieb Thomasius über eben jene Quaestio auf wenigen Seiten, nicht etwa dass er sie entschied, er legte nur thatsächliches Material vor zur Orientierung über die Frage. Gleich die erste: Quid sit substantia? beantwortet er mit einem Ego quidem nescio, und setzt dann auseinander, was Plato, Aristoteles, Cartesius und Spinoza für Meinungen darüber gehabt haben. Dass Thomasius den Cartesianismus neben dem Aristotelismus auf das akademische Katheder bringt, lässt ihn uns übrigens auch als Neueren erkennen, denken wir daran, dass 40 Jahre zuvor die Marburger Statuten den Cartesianismus, der allerdings den Autoritätsglauben gänzlich aufhob, verpönten und vervehmten.

Zwölf solcher Disputierübungen hat Thomasius gehalten; danach scheinen ihn die Respondenten im Stich gelassen zu haben. Er macht noch den Versuch auf eigene Faust das Unternehmen, „quamdiu Opponentes restabunt, absque Respondente" Donnerstags zweistündig fortzusetzen; ich zweifle nicht daran, dass der Versuch misslungen ist. —

Die von Thomasius erwähnten honoratissimi Collegae waren u. A. Ludovici, Breithaupt, Francke. Sie beklagen wie Thomasius den Verfall der Disputationen. In der Vorrede zu seinem Collegium juris feudalis von 1701 gesteht Ludovici, dass die Disputationen ad nutriendam ambitionem vanamque gloriam captandam a plurimis gehalten würden. „Dissertationes ad instar bellorum esse. Videas hinc clamores, vociferationes, risus, injuriosas imputationes ... Quis vero non damnaret ejusmodi duella incruenta? ... Aliter autem res se habet, si usum disputationum non ex vitiis disputantium, sed ex ipsa rei indole aestimes." Hiernach sei, so definiert Ludovici, eine Disputation nichts anderes, als das Verfahren, im freundschaftlichen Gespräch der Wahrheit nachzuspüren und alles Entgegenstehende mit sanfter Hand hinwegzuräumen. Ausserdem habe sie den Nutzen, dass sie die Urteilskraft, die Seele des Rechtsgelehrten, in vorzüglicher Weise — respondendo und opponendo — schärfe. In solchem Sinne richtete Ludovici seine Disputierübungen ein.

Der Theologe Ioach. Justus Breithaupt thut in einem Programm von 1692 de exercitationibus disputatoriis kund, wie er es mit den Disputationen zu halten gedenkt. Er bekennt den vielseitigen Nutzen derselben und verwünscht den „abusum vel beluinis vel gentilibus vel temerariis saltem atque imprudentibus proprium" mit den Worten Augustins: „Cavenda est libido rixandi et puerilis quaedam ostentatio decipiendi adversarium"; darum will er für seine Person nicht erscheinen als Einer, der jene unselige Sitte des Streitens, „in quo nihil non vitii inest", befestige oder billige. Insbesondere sei bei den theologischen Disputationen die Eitelkeit der Welt zu vermeiden, dagegen die Wahrheit zu suchen. U. s. w.

Auch A. H. Francke empfiehlt die Disputierübungen. In der Idea studiosi theologiae gesteht er aber, „es wird Studiosis Theologiae mehr Gelegenheit publice und privatim dazu offeriret, als sie bishero sich derselben gebrauchen wollen." Den Grund dafür werden wir alsbald kennen lernen.

Da die gute alte Methode des Disputierens ganz in Vergessenheit geraten zu sein schien, so bemühten sich die Hallenser Professoren auch literarisch um die Wiedererweckung derselben. Justus Henning Böhmer schrieb eine succincta manuductio ad methodum disputandi; Joh. Friedem. Schneider einen processus disputandi; Joach. Lange eine genuina methodus disputandi materiis theologicis praecipue accommodata, Andere Anderes.

Nicht bloss in Halle, auch an andern Universitäten erschienen am Anfange des 18. Jahrhunderts zahlreiche das Thema der Disputationen behandelnde akademische Gelegenheitsschriften, über die einmal eine Bibliographie der deutschen Universitäten Auskunft geben wird. Schon dieser Umstand allein ist ein Zeichen des unaufhaltsamen Verfalls. Auch die erwähnte Neubauersche Dissertation de exercitiis disputandi frequentius in academiis instituendis, Halae 1730, lässt schon am Titel erkennen, dass die Bemühungen der Hallenser Professoren erfolglos gewesen sind. Sie verzweifelten selbst daran, und Gundling rät in seiner Logik endlich ganz aufrichtig: „A cathedrariis disputationibus quoad fieri potest abstine. Etsi enim imaginariae tantum, non autem cruentae pugnae sunt, tamen ob id ipsum, quia imaginariae sunt atque vanae, iisdem parce te immisce. Est namque certum, respondentem seu praesidem qui cum illo easdem tibias inflat discedere debere victorem."

Woran scheiterten denn nun die Hallenser Reformversuche? Um es kurz zu sagen — am Zeitgeist. Thomasius hatte Unrecht, wenn er die Schuld für den Abusus disputandi allein bei den Lehrern suchte.

Vor dem dreissigjährigen Kriege lehrte und lernte man die Bücher der Alten, die alles Wissen enthielten, was zur Gelehrsamkeit gehörte; und gelehrt, d. h. in jenen Büchern unterrichtet zu sein, war das Bildungsideal. Dies zu erreichen musste sehr methodisch, pedantisch, eben scholastisch verfahren werden. Studienfreiheit gab's nicht; Lehr- und Lernzwang herrschte.

Im Zeitalter des dreissigjährigen Krieges, der alle Bande der Ordnung lockerte und zerstörte, stürzten auch die Säulen der mittelalterlichen Autoritäten. Die rauhe Wirklichkeit brachte die Menschen zur Erkenntnis, dass es thöricht sei die Vergangenheit nachzuträumen und auf eigenen Witz zu verzichten. Es tagte die Erkenntnis, dass alles Wissen nur Wert hat, wenn es aufs Handeln bezogen wird.

Der Pennalismus bedeutet die Umwandlung des mittelalterlichen Scholaren in den modernen Studenten. Er eroberte sich die Studienfreiheit zunächst als Freiheit von Studien, namentlich in der Artistenfakultät, in der ja, weil sie die Vorschule zu den obern Fakultäten war, der meiste Zwang geherrscht hatte. Systematisch und mit Gewalt wurden die jüngeren Studierenden von den älteren vom Hören und Disputieren abgehalten.[1]) So verlor die Artistenfakultät an Ansehen und Bedeutung, so verlor sich aber auch die Kenntnis der alten Sprachen. Die letzten Humanisten der alten Schule, Caselius und Calixtus, können den Untergang nur beklagen, aber nicht aufhalten.

Derselbe Geist herrschte an den höhern Schulen, den akademischen Gymnasien oder Lyceen, die mit ihren Fakultätseinrichtungen die Universitäten kopierten. Wie schlecht vorbereitet ihre Schüler zur Universität kamen, schildert A. H. Francke in der Idea studiosi theologiae. Er sagt: „[Die Professoren haben] mit ihrer grossen Betrübniss wahrnehmen und beklagen müssen, dass die meisten Schulen so übel bestellet sind, dass von denselben Leute zu ihnen kommen, die zwanzig Jahr alt sind und drüber und dennoch bedürffen, dass man ihnen in den Fundamentis der Lateinischen, geschweige der Griechischen und Ebräischen Sprache besondere Information verschaffe, wo man anders will, dass sie die Collegia mit Nutzen frequentiren sollen. Dass dieses

---

1) Vgl. Georgii Calixti de fine et scopo studiorum oratio anno 1643... in alma Julia ... habita.

wahr sei, lehret die tägliche Erfahrung, und ergehet nicht nur unserer, sondern auch andern Universitäten also, dass sie viele untüchtige und unwissende Leute überkommen, aus welchen nichts zu machen. Es wird demnach bey dieser Gelegenheit billig Rectoribus, Con-Rectoribus und andere Schul-Bedienten an ihr Hertz, Seele und Gewissen geleget, dass sie ihr Amt angelegentlicher ausrichten und ihre Untergebene besser zubereitet auf die Universitäten schicken."

Sollten also die Studien an der neuen Universität zu Halle gedeihen, so galt es zunächst, der Artistenfakultät wieder aufzuhelfen. Ein Collegium elegantioris litteraturae („das erste philologische Seminar" nennt es Paulsen) ward unter Cellarius' Leitung errichtet, um das Studium der alten Sprachen und Klassiker den Studierenden wieder nahezubringen. Und Francke liess noch besonders in seinem Waisenhause für die Theologie-Studierenden jeden Mittwoch ein Disputatorium (neben sonstiger von den Präzeptoren gewährter Nachhilfe) anstellen, damit sich die Schwachen in der lateinischen Sprache übten.

Indes da diese Veranstaltungen nur Mittel zum Zweck waren und weder der moderne Geist im allgemeinen, noch der der Hallenser Universität im besondern den philologischen Studien zuneigte, so erlebte Cellarius an seinem Seminar wenig Freude. Noch hatte die philosophische Fakultät keine selbständige Stellung errungen, als Vorschule wurde sie aber so recht nicht mehr benutzt. Cellarius klagt ja, dass die jungen Leute sogleich zu den Studien der höhern Fakultäten eilten, um bald ins Brot zu kommen.

Wenn die Marburger Statuten von 1653 noch vorschreiben: „Professores Philosophiae studiosos ad crebra cum publicarum tum privatarum disputationum exercitia invitanto, utque ea diligenter frequentent, curanto" und wenn die (übrigens hie und da, z. B. in Würzburg, noch in diesem Jahrhundert üblichen) Semesterprüfungen scheinbar für die Teilnehmerschaft sorgten, so war doch eben das Vorhandensein von Studierenden der Philosophie die Voraussetzung. War aber das Bildungsideal des 17. Jahrhunderts dieser Voraussetzung günstig?

Worin bestand es denn?

Thomasius veröffentlichte 1689 in Leipzig einen „Vorschlag, wie er einen jungen Menschen, der sich fürgesetzt, Gott und der Welt dermaleins in vita civili rechtschaffen zu dienen und als ein honnet und galant homme zu leben, binnen dreier Jahre Frist in der Philosophie und singulis jurisprudentiae partibus zu informieren gesonnen sei." Und 1701 schrieb er ein Programm: „Welcher Gestalt man denen Franzosen im gemeinen Leben und Wandel nachahmen soll?"

Die Franzosen Ludwigs XIV. lieferten also das Bildungsideal des Mannes, der zu leben weiss, des „vollkommenen Hofmannes", wie Paulsen ihn nennt und in Leibniz repräsentiert sieht. Die deutschen Höfe, der Adel nahmen französisches Wesen an, und die akademische Welt, rerum novarum studiosi, ahmte es nach. Die Scholarentracht ward abgethan, modische Kleidung angelegt, und die Sitte des Degentragens verbreitete sich sogar auf die Trivialschulen.[1]) Aus dieser Zeit und aus französischer Quelle rührt auch der Comment, dessen Verständnis und Gebrauch noch heute eine Wesensbedingung des deutschen Studenten ausmacht. An die Stelle der lateinischen Sprache tritt die deutsche und die französische. Offiziell zwar wird jene noch als die Sprache der Wissenschaft festgehalten, aber bereits wird das Thema der Disputierschrift vielfach in lateinischer und deutscher Sprache, des bessern Verständnisses wegen, angegeben; Widmungen und Vorreden erscheinen in französischer Sprache, die angehängten Glückwünsche in bunter Mischung lateinisch, deutsch und französisch, ja sogar italienisch.

Kurzum seit der zweiten Hälfte des 17. Jahrhunderts beginnt der deutsche Student in der Gegenwart zu leben; er entschlüpft dem Gängelband der scholastischen Lehrweise. Da aber eine andere sich erst langsam im 18. Jahrhundert heranbildet, so findet er sich mit den Collegien und Disputationen in ziemlich freier Weise ab. Latein, geschweige denn Griechisch lernt er kaum noch. Aber um ihres eigenen Bestehens willen dozierten, disputierten und promovierten die Universitäten nach wie vor. Also liess das der Student über sich ergehen. Kein Wunder, dass die Professoren für ihn die Disputierschrift schrieben und auch verteidigten; kein Wunder, dass die akademischen Grade verhandelt wurden. Ihre Erwerbung musste leicht gemacht werden, wenn sie überhaupt noch erworben werden sollten. Ihr Ansehen war gesunken,[2]) und der Adel, der seit dem Zeitalter Ludwigs XIV. an Stelle der Geistlichkeit das tonangebende Element im Volksleben wurde, beginnt sie zu verschmähen.

Das Alte ist vergangen, siehe, es ist alles neu geworden — neu wenigstens wollte alles werden. In der juristischen Fakultät begann

---

1) Chr. Busse (S. Stryk, Praes.), Schediasma de jure praeceptorum, Francof. 1685. „Idem ferme de moderna gladiorum gestatione discipulorum dicendum, quae radices tam altas etiam in Scholis Trivialibus egit, ut vix accedente autoritate magistratus evelli possit, quoniam tali casu parentes majus habere jus sibi persuadent."

2) Christoph. Besoldus, Thesaurus practicus, Editio noviss. Norimb. 1679 schreibt p. 193 ad vocem Doktor: „Olim in magna autoritate erant Studia & Doctores: Sed cur nunc utraque auctoritate destituatur, meo judicio recte judicat Oldendorp in tr. Germ. Von Rathschlägen, ubi ita f. 39 scribit: „.... So hat man nun in Schulen nicht viel anders gelehret, dann disputiren und hadern, darzu doch alle Menschen ohne das von Natur geneigt seynd, und ist allein Ehr und Ruhm gesucht mit scheinlichem Gepränge, nicht mit dem Grunde der Wahrheit oder kurtzer Unterrichtung: darum hat man keine Leut zum Regiment und Rathgeben ungeschickter, ja auch schädlicher befunden, als die also in Schulen zu langwüriger Disputation auferzogen und gewehnet worden, aber doch vom rechten Grunde dess Handels wenig wussten.... Dieweil dann die Eltern an ihren Kindern so merckliche Unkosten, Zeit, Mühe und Arbeit gantz verlohren gesehen ...: So seynd sie der Unkosten milde geworden, und haben mit der Zeit die Hand abgezogen."

zuerst die Reform der Lehrweise des römischen Rechts (vgl. Stintzing, Gesch. d. deutsch. Rechtswissenschaft). Und dem Zuge der Zeit nachgebend besann man sich allmählich auch wieder auf die deutschen Rechtsaltertümer, demgemäss Thomasius 1701 in einer Dissertation des Hieronymus v. d. Lahr schreibt: „Primi Professores Academiarum Germaniae Itali erant. Hi ignorabant mores Germanorum ...... Docebant igitur, quae omnes nesciebant peregrina jura..... Emendationis origo ex academiis incipere debet, unde origo erroris.... Tum demum qui hactenus creavimus Doctores Juris Romani et Canonici, creabimus Doctores Juris Germanici."

Die medizinische Fakultät wird zur naturwissenschaftlichen. Man wendet sich von Galen und Hippokrates zur Betrachtung der Natur. Botanische Gärten und Anatomien entstehen, und an die Namen Stahl und Hoffmann in Halle knüpft sich der Aufschwung des medizinischen Studiums.

Die philosophische Fakultät hat Christian Wolff in Halle auf eigene Füsse gestellt. Er verhilft dem von Cartesius, Spinoza und Leibniz aufgerichteten Prinzip von der Freiheit des Philosophierens zum Durchbruch und lehrt die Philosophie deutsch reden. Ihr humanistisches Fundament gewann die ehemalige Artistenfakultät aber wieder durch den Erneuerer des philologischen Studiums Joh. Matthias Gesner an der neuen Göttinger Universität.

In das Studium der Theologie hatte der Pietismus A. H. Franckes am Ende des 17. Jahrhunderts ein neues fruchtbringendes Element getragen; die wissenschaftliche Kritik freilich, die die Lehre zur Forschung gestaltet, liess noch fast hundert Jahre auf sich warten.

So bildeten sich im vorigen Jahrhundert die Universitäten aus Lehranstalten um in Forschungsanstalten. Immer seltener werden die Disputationen und Disputierschriften. In Frankfurt waren sie um 1737 so ausser Uebung gekommen, dass eine königliche Ordre sie wieder glaubte auffrischen zu sollen. Wie schlecht es um die Mitte des Jahrhunderts in Leipzig, Jena, Rostock mit den Disputierübungen bestellt war, ist schon vorher erwähnt worden. In Verkennung der wahren Ursachen des Verfalls dachte man durch Verbilligung der Disputationen dem Uebel, was kaum noch eins zu nennen war, abzuhelfen. Vergebliches Bemühen. Was übrig blieb, waren allein noch die Doktordisputationen, und diese erhielten sich nur als Mittel zum Zweck, nicht um eigenen Wertes willen. Die dazu gehörigen Dissertationen aber, die seit dem 16. Jahrhundert neben der mündlichen Disputation selbständige Bedeutung gewonnen hatten, schrieb, so lange das Prinzip der Forschung und Wissenschaftsgewinnung noch nicht zum allgemeinen Durchbruch gekommen war, der Präses, so dass die eigene Leistung des Promovenden sich auf das Rigorosum und die Spesen beschränkte.

Das hat so bis in dieses Jahrhundert hinein gedauert. Und wie steht's jetzt am Ende desselben damit? Hat der Doktortitel, den Viele noch erwerben, ebensoviele aber auch verschmähen, noch eine Berechtigung? und wer soll ihn führen?

Es scheint mir nicht unzeitgemäss, im Schlusskapitel auf diese Fragen einzugehen.

Kapitel 11.
Ueber die Bedeutung der Doktor-Promotionen sonst und jetzt.

Die Erörterung hat anzuknüpfen an das Wort „Universität". Man liebt es seit langem, und nicht selten mit einer gewissen Koketterie, von einer „Universitas litterarum" zu sprechen, weil die Gesamtheit der Wissenschaften an den gemeinten hervorragenden Bildungsstätten des menschlichen Geistes gelehrt werde. Dies ist indes nicht die ursprüngliche Bedeutung des Wortes.

Das Wort „universitas" bezeichnet einen juristischen Begriff, nämlich den der Korporation mit dem Rechte einer juristischen Person. In diesem Sinne sind die alten italienischen Rechtsschulen Universitäten gewesen, in demselben Sinne sind danach auch Universitäten von Theologie-Beflissenen u. s. w. entstanden.[1]) Die Wertschätzung der Wissenschaften, die Begeisterung für die Studien, die Tausende von Scholaren nach Bologna, Paris und andern Orten gehen hiess, erhob nun die Lehrer auf eine so hohe Stufe der Ehre, dass es das höchste Streben idealgesinnter Jünglinge wurde, die Anerkennung ihrer Lehrer zu gewinnen und ein Lehrer und Meister der Wissenschaften zu werden wie sie.

Aus dem Korporationsprinzip floss für die Mitglieder der Genossenschaft das Recht zu kooptieren und für ihre Universitas Doktoren und Magister zu kreieren. Andere Privilegien als dies, an der betreffenden Universität die erlernte Wissenschaft zu lehren, waren mit dem Doktor- oder Magistertitel, der nicht an sich, sondern wegen des hochangesehenen Lehramts zu einem Ehrentitel wurde, nicht verbunden.

Von keiner weltlichen oder geistlichen Autorität war ursprünglich den Universitäten dieses Promotionsrecht verliehen worden; allein ihre Konstituierung bedurfte der staatlichen Genehmigung.

Bald aber nahm sich der Papst der Sache an. Eine so wichtige Neubildung, wie sie sich in den Universitäten zu Bologna und Paris erhob, konnte der Aufmerksamkeit des Oberhauptes der christlichen Kirche nicht entgehen. Für ihren Fortbestand und ihre weitere Entwickelung war die Anlehnung der Universitäten an eine höhere Auto-

---

1) „In Gymnasio Patavino duae Universitates semper fuerunt: Juristarum vetustior et majoris momenti; Artistarum, junior et minoris momenti, ex pluribus facultatibus constabat." S. Vorrede z. „Rotulus et matricula I" I). Juristarum et Artistarum Gymnasii Patavini a. 1592—93. Patavii 1892. fol.

rität eine Notwendigkeit. Welche Autorität aber konnte hier, wo es sich wesentlich um ideale Interessen handelte, bessere Stütze gewähren als die des römischen Stuhles, dessen Machtbereich sich ausserdem über alle territorialen Grenzen hinwegerstreckte? Zwar hatte schon Kaiser Friedrich I. auf dem roncalischen Reichstage (1158) durch die berühmte Authentica Habita C. Ne filius pro patro die äusseren Rechtsverhältnisse des internationalen Scholarentums für seinen Machtbereich geordnet, aber dem Papste Honorius III. blieb es vorbehalten mit seinem Dekret an den Archidiakon des Domstifts zu Bologna vom 28. Juni 1219 in die innern Verhältnisse der Universität einzugreifen und die Licentia docendi, d. h. die Verleihung des Doktorats abhängig zu machen von der Zustimmung seines Stellvertreters nach vorgängiger Prüfung des Bewerbers. Seit dieser Zeit besteht das Institut der Kanzler oder Kuratoren an Universitäten.

So wurde das Lehramt zu seinem eigenen Gedeihen unter die Autorität des Papstes gestellt und zunächst für die Universitäten zu Bologna und Paris eine feste Regel in der Verleihung des Doktorats geschaffen. Hieraus folgte dann, dass die spätern Universitäten, wollten sie es jenen gleichthun und von ihnen als ebenbürtig angesehen werden, die päpstliche Bestätigung und Privilegierung nachsuchten, ferner dass der bei einer Universität erlangte Doktorat nicht auf diese beschränkt blieb, sondern an jeder andern Universität Gültigkeit hatte.[1]) Der internationale Zusammenhang der Universitäten, ihr gleichartiger Charakter ist eine Folge der internationalen Stellung des Papsttums gewesen.

Die Uebertragung der Universitäten auf Deutschland konnte natürlich nicht ohne Mitwirkung des Kaisers geschehen. Zu den päpstlichen Stiftungsbriefen gesellten sich die kaiserlichen. Danach ist dann im protestantischen Lager viel Streit entstanden, ob die Verleihung akademischer Würden ein kaiserliches oder päpstliches Regal sei. Beide, Kaiser und Papst, haben das Recht in Anspruch genommen und ausgeübt, weil beide die Universitäten konfirmierten und die Doktoren mit hervorragenden Privilegien ausstatteten. Aber es ist daran festzuhalten, dass die Promotionen den akademischen Körperschaften wesenseigen sind und dass allein die äussern, das Wesen der Sache nicht berührenden Ehren und Privilegien von weltlicher und geistlicher Autorität abhingen.

Diese Privilegien waren es aber gerade, die den Doktorat seiner eigentlichen Bedeutung als Lehramt entfremdeten und zu einem blossen Ehrentitel machten, der dann nicht allein auf Universitäten erworben, sondern auch unmittelbar vom Kaiser und vom Papst oder durch besondere Stellvertreter derselben verliehen wurde.

---

1) Vgl. Franz Reithmayr, Ueber das Promotionsrecht und die Promotion zu den akad. Ehrengraden. Festrede. München 1858. 4°.

Sehr bald hatte die geistliche wie die weltliche Obrigkeit die hohe Bedeutung gelehrter Bildung für Kirche und Staat erkannt. Beide liessen sich's demnach angelegen sein, die Studien auf alle Weise zu fördern, um mit Hülfe der Universitäten taugliche Personen zur Verwaltung kirchlicher und staatlicher Aemter, zur Bedienung des Volkes in leiblicher und geistiger Hinsicht zu gewinnen. Sie statteten die Universitäten mit festen Einkünften aus, sie verliehen Kanonikate und Pfründen an die Lehrer, und durchdrungen von der Richtigkeit des Ciceronianischen Honos alit artes erhoben sie den Doktorat auf eine hohe, dem Adel nahe Rangstufe innerhalb des staatlichen Gemeinwesens, ausgestattet mit persönlichen und sachlichen Privilegien.

Von da ab hatte der Doktorat nicht mehr ausschliessliche Beziehung auf das akademische Lehramt, er war vielmehr die Bezeichnung eines auf gelehrter Bildung beruhenden, neuen privilegierten Standes geworden. So trat eine völlig veränderte Anschauung vom Doktorgrad an die Stelle der alten ursprünglichen von dem zunftmässigen Meistergrad. Es handelte sich nicht mehr bloss um die licentia docendi et disputandi, wie sie die Doctores actu regentes an den Universitäten ausübten, sondern um die Verleihung eines Ehrentitels und eine damit verbundene Standeserhöhung, die im römischen Reiche deutscher Nation allein der Kaiser zu vollziehen hatte. „In imperio nostro scholasticorum honorum collatio soli Imperatori reservata est" schreibt Itter, de honoribus sive gradibus academicis, 1679 (1698). „Sacra enim Caesarea Maj. omnis dignitatis fons est in eaque thesauri dignitatum sunt reconditi." Der Kaiser war der Inbegriff der höchsten irdischen Ehren und die Quelle aller, von ihm waren nach der Anschauung der Zeit alle andern Ehren abzuleiten, als ein Abglanz seiner Majestät; demnach galt auch die Verleihung der akademischen Grade eben der damit verbundenen Auszeichnungen und Vorrechte wegen als kaiserliches Regal.

Die Doktorwürde umfasste alle gelehrten Berufe, sie war nicht mehr in den Universitäten eingeschlossen, sondern umschloss vielmehr diese mit. In einem viel weiteren Sinne sollten die Doktoren die Lehrer und geistigen Führer des Volkes sein. „Die akademische Würde", sagt Fichte[1]), „sei ein Symbol der Aufnahme in den grossen Bund der Veredlung des Menschengeschlechts durch wissenschaftliche Bildung."

Ursprünglich also war der Doktorat eine aus dem Korporationsprinzip folgende Institution der Universität und auf diese beschränkt. Kaiser und Papst hoben ihn aus dem Rahmen der Universität heraus, verallgemeinerten ihn und schufen damit einen geistigen Adel neben dem Geburtsadel, privilegiert und eximiert wie dieser vor allem Volk. Nunmehr verliehen die akademischen Körperschaften die Grade nur noch im Auftrage und im Namen des Kaisers (ev. des Papstes in

---

1) Köpke, die Gründung der Universität Berlin, S. 96.

seinem Territorium) oder der sonstigen höchsten Gewalt im Staate, gemäss dem Privileg, das ihnen dazu im Stiftungsbrief der Universität ausdrücklich verliehen war.

Aber sie waren es nicht allein, denen die Habsburgischen Kaiser, (diese kommen ja bei der Begründung der deutschen Universitäten allein in Betracht) das Recht erteilten, Baccalarien, Magistri, Licentiaten und Doktoren zu ernennen; auch die österreichischen Erzherzöge verwalteten dies Regal und nächst diesen die kaiserlichen Pfalzgrafen.

Es scheint mir nicht unzweckmässig hier etwas näher auf die Doctores Caesareo-Palatini einzugehen, zumal die Bibliotheken auch Inauguraldisputationen dieser beherbergen von ganz derselben äussern Beschaffenheit wie die akademischen Disputationen.[1]

Die gewöhnliche Bezeichnung der pfalzgräflichen Doktoren ist Doctores bullati gewesen. Vielleicht ist dies Wort mit absichtlicher Zweideutigkeit gewählt worden. Die zahlreichen Neider und Verächter, welche zu widerlegen Paullini und Itter sich die grösste Mühe geben, gebrauchten das Wort bullatus jedenfalls im Sinne des Persiusschen Verses aus Satyr. 5:

> Non equidem hoc studeo, bullatis ut mihi nugis
> Pagina turgescat ...,

worin bullatae nugae = res ventosae, inanes, nauci zu verstehen sind (bulla = Blase, bullatus = aufgeblasen, leer, hohl), und stellten die so gekennzeichneten Doctores bullati den Doctores legitime promoti gegenüber.

Der andere harmlosere Sinn des bullatus ist: „bulla ornatus, literis bullatis h. e. sigillatis velut indice quodam novae dignitatis ac testimonio insignitus" (Itter). In diesem Sinne hätte man jedoch die akademischen Doktoren ebenso gut bullatos nennen können, da ihre litterae testimoniales gleichfalls gesiegelt gewesen sind.

Eine bündige Definition giebt Meyerhoff, Praes. Simon, Jena 1670 in seiner Dissertation über die Doctores bullati. Es sind „Personae, quae a Comitibus Palatinis, a Summa Majestate Caesarea, cujus vicem supplent, ad hunc actum singulariter privilegiatis, Doctoris insignia, praevio examine, et Diplomatis sive Bullae interventu, sunt consecuti."

Den kaiserlichen Pfalzgrafen, als den Stellvertretern des Kaisers wurde neben ihren eigentlichen Aufgaben als Verwalter der Regalien das Recht erteilt: Notare zu ernennen, Uneheliche zu legitimieren, Baccalarien, Magister, Licentiaten und Doktoren zu kreieren etc.

[1] Literatur: 1. Meyerhoff, Praes. Simon, Doctores bullati. Jenae 1670;
2. Jo. Chr. Itteri de honoribus sive gradibus academicis liber. Francof. ad Moenum 1679; nova editio 1698;
3. Christ. Franc. Paullini Lagographia curiosa Seu leporis descriptio. August. Vind. 1691;
4. Buchmann, Praes. Marbach, Disp. de doctore juris bullato. Argentorati 1695.

Am häufigsten ist wohl die juristische Licentiaten- und Doktorwürde bei den Pfalzgrafen nachgesucht worden; doch sind auch Beispiele medizinischer und philosophischer Promotionen, sogar in baccalaureatu philosophiae überliefert. Man kann fragen: Genügte es nicht, dass die Universitäten Grade erteilten? Was war der Grund, dass auch die Pfalzgrafen dies Recht ausübten? Keineswegs ist anzunehmen, dass die Einrichtung getroffen wurde zur Erleichterung der Promovenden rücksichtlich der wissenschaftlichen Anforderungen; war doch ein strenges Examen vor mindestens drei ausgezeichneten Doktoren vorgeschrieben, zudem der Pfalzgraf nicht selten selbst ein gelehrter Schulmann, Richter oder gar Universitätsrektor. Ausdrücklich auch war es dem Pfalzgrafen aufs Gewissen gelegt, nur würdige Kandidaten zu promovieren.

„Creatur igitur Doctor Juris Bullatus a Comite aliquo Palatino, hoc jure creandi a Caesarea Majestate instructo, modo, ubi cardo negotii vertitur, praevio in praesentia ad minimum trium eximiorum Doctorum rigoroso examine, Candidatus juris, quo conscientia Palatini gravatur, dignus reperiatur & applausum mereatur." (Bachmann, Praes. Marbach, Disp. de doctore juris bullato. Argentorati 1695.)

Geschenkt wurde also den Bewerbern um einen gelehrten Grad, wie man hier wohl besser statt „akademischen" sagt, auch vom Pfalzgrafen nichts. Ohne Zweifel aber kam man den Bedürfnissen des gelehrten Publikums entgegen, indem man auch ausserhalb der Universitäten Gelegenheit zur Promotion gewährte. Betraf dies doch in der Regel Städte, die durch ihre Gymnasien Pflegestätten gelehrter Bildung waren wie Ulm, Frankfurt a. M., Hamburg, Coburg, Rudolstadt, Weissenfels u. a. Hier trat das pfalzgräfliche Amt an die Stelle der den Gymnasien fehlenden Promotionsprivilegien.

So bekennt denn der Pfalzgraf Jo. Erasmus Seiffart von Klettenberg zu Frankfurt in einem bei Itter S. 518 f. abgedruckten Diplom von 1693: „Cum vero vel summi Principis adeundi vel ab Academiis istos honores petendi variis de causis non semper omnibus par sit & aequa potestas, idcirco Sacrae Caesar. Majestati per Vicarios etiam suos, quos Comites Palatinos vocamus, rem expediri illisque parem cum Academiis dispensandi summos Honores facultatem communicari placuit."

Ebenda erfahren wir auch, dass die Prüfung des Doktoranden ganz in akademischer Weise mittelst Tentamen, Examen und Disputatio typis descripta vom Pfalzgrafen vorgenommen und die Promotionsfeierlichkeit mit Programma invitatorium, Oratio, Renunciatio, Ritus promotionis und Convivium doctorale in üblicher Form begangen wurde.

Der einzige, allerdings mehr ideelle, praktisch jedoch bedeutungslose Unterschied zwischen dem Doctor bullatus und dem Doctor academicus mag vielleicht darin gefunden werden, dass beim letzteren die Ausübung der Wissenschaft, die Qualifikation zum Lehramt die Hauptsache war oder doch sein sollte, die äussere in das bürgerliche Leben hineinragende Rangstellung dagegen ein donum superadditum von mehr zufälliger Bedeutung, während der Doctor bullatus eben diesen Rang, die privilegierte gesellschaftliche Stellung auf kürzerem Wege erstrebte, wobei ihm die wissenschaftliche Leistung nur Mittel zum Zweck war. Das ist wohl der Grund gewesen, weshalb die akademischen Doktoren die pfalzgräflichen nicht so ganz für voll ansahen und sie mit Titeln belegten, von denen der Bullatus wohl der sanfteste, der asinus ad lyram der bissigste gewesen ist.

Jene nannten sich Doctores $\varkappa\alpha\tau'$ $\dot{\varepsilon}\xi o\chi\eta\nu$, legitime Promoti, auch bloss Promoti. Im Gegensatz dazu wurden die pfalzgräflichen auch „Satyrici" genannt, weil sie nicht stufenweise, durch die niedern Grade hindurch zur höchsten Würde aufstiegen, sondern mit Ueberspringung derselben dahin befördert wurden.[1])

Auf den älteren Universitäten fanden Promotionen per saltum nicht statt. Die akademischen Grade vom niedersten bis zum höchsten durchlaufen hiess eben promoviert werden, und zwar rite oder legitime. Nach dem dreissigjährigen Kriege wurde freilich das Verfahren der Promotion, wie überhaupt der ganze Studiengang auch abgekürzt. Die alte Artistenfakultät war durch die Konkurrenz der Gymnasien lahmgelegt. Es wurde nicht mehr wie früher für notwendig erachtet durch sie hindurchzugehen und in ihr Grade zu erwerben, um zu den Studien der obern Fakultäten zugelassen zu werden. Der Baccalarius in artibus wurde gänzlich verschmäht und war nur in Jena noch infolge der statutarischen Bestimmung, dass Niemand zum Kirchen- und Schulamt oder zu einer Ratsschreiberstelle zugelassen werden solle, der nicht wenigstens den Gradum Baccalaureatus erworben, von einiger Bedeutung. Aus diesem Grunde wurden selbst noch die Pfalzgrafen um die Verleihung des Baccalariats angegangen. Paullini teilt ein solches pfalzgräfliches Baccalarius-Diplom mit, das im Eingange ausdrücklich auf jene Vorschrift Bezug nimmt. Es beginnt: „Omni memoria dignum Serenissimorum inclytae Salanae Fundatorum constitutum in immunitatibus et privilegiis Academiae, ne nullus in ipsorum Ducatu sive ad Scholasticum, sive Ecclesiasticum, sive Poligraphi etiam munus facile adhibeatur nisi minimum Baccalaureatus gradum obtinuerit...".

Immerhin aber hielt man formaliter noch am alten Brauche fest, dass „in studiis, cum sapientiae culmen appetitur, triplici gradu iter parandum, Baccalaureatu, Licentia, Doctoratu." (Jac. Bornius, Programma de promotione per saltum. Lipsiae 1684.) Man zog nur die drei getrennten Akte in einen zusammen und renuncierte den Doktoranden erst als Baccalarius, erteilte ihm danach feierlich die Licentia und promovierte ihn endlich ad summum gradum.

---

[1]) „Satyrici dicuntur, quod per Satyram & Saltum, non gradatim ut in publicis Academiis Bullati promoveantur." Bachmann-Marbach. Strassb. 1695.

Die Neuzeit hat auch diese Fiktion der stufenweisen Beförderung in den akademischen Ehren fallen lassen. Unsere heutigen Promotionen sind alle promotiones per saltum, oder wenn man will gar keine Promotionen im ursprünglichen und eigentlichen Sinne, da eben das Hindurchgehen durch die niederen Grade fehlt. Eben deshalb sollte man auch nicht mehr vom Doktorgrad sprechen, sondern nur von der Doktorwürde[1]); auch die summi honores haben keinen Sinn, wo die inferiores fehlen. —

Von allen Unterschieden, die man zwischen den Doctores academici und Doctores Caesareo-Palatini aufgestellt hat, könnte vielleicht als einzig bedeutungsvoller der bestehen bleiben, dass die letzteren ev. nicht zur akademischen Professur zugelassen wurden, so dass ihnen also gerade dasjenige Recht entging, was das Wesen des Doktorats ausmachte, das Lehramt nämlich. „Non minus dubitare licet, an ad Dignitatem Professoris admittendi, non observatis Academiae solemnibus", schreibt Bachmann, Pracs. Marbach, in der erwähnten Dissertation: de doctore juris bullato — unter Berufung auf verschiedene Autoren. Indes ist der Fall in praxi wohl niemals vorgekommen, sondern bloss theoretisch erörtert worden. Ausdrücklich ist übrigens den pfalzgräflichen Doktoren, so gut wie den akademischen das Recht auf Universitäten zu lehren [d. h. die Fähigkeit dazu berufen zu werden] vom Kaiser zugestanden worden. (Vgl. die betreffenden Diplome bei Itter und Paullini!)

Manche haben den Doctores bullati die Würde mit den Privilegien bestritten, weil ihnen als wesentliche Requisite der gesetzmässigen Doktorpromotionen die Symola doctoralia fehlten. Diese sind nun allerdings nicht bedeutungslos gewesen. Im Titulus LXVIII der alten Giessener Statuten heisst es: „Sicut omnibus gentibus commune fuit, in Cooptationibus Ordinum & Collegiorum ritum aliquem adhibere, tanquam novi honoris insigne; Ita etiam in renunciationibus Doctorum, Licentiatorum & Magistrorum provida antiquitas certos ritus, in oculos incurrentes, addidit, non ut sint inepti ludi scenici aut theatrici, nec tantum, ut renunciationem reddant conspectiorem, & dignitatem ordinis Literatorum & Promotorum reverentiamque auditorum erga docentes augeant: verum etiam, ut sint signa vocationis eorum, quibus publicum docendi, disputandi & respondendi munus commendatur."

Nun konnte der Pfalzgraf die Doktorwürde als eine weltliche Rangstellung allerdings verleihen, die Aufnahme in den Ordo Literatorum & Promotorum stand indessen nach dem Rechte der juristischen Universitas nur den Mitgliedern zu. Demnach hatte auch die Anwendung der Symbola doctoralia von seiten des Pfalzgrafen gar keinen

---

[1] Ueber die Bezeichnung „gradus" schreibt Itter: „Valde autem apposite hoc vocabulo signantur honores nostri Scholastici, quippe per quos tanquam scalas ab infimis ad summas tandem dignitates pervenimus."

Sinn. Nichtsdestoweniger ist der akademische Ritus mit Biretum, Cathedra, Liber, Annulus etc. von manchem Pfalzgrafen vollständig nachgeahmt worden.¹) Dann hat derselbe aber offenbar den Sinn dieses Ritus, wie ihn die Giessener Statuten ausdrücken, nicht begriffen gehabt.

Das Diplom, das der Pfalzgraf den von ihm graduierten Personen aushändigte und wonach diese eben Bullati geheissen wurden, hat man sich durchaus nicht in der Form unserer heutigen Doktordiplome vorzustellen. Es waren im allgemeinen ziemlich umfangreiche Schriftstücke, zuweilen sogar nach Art der eine wissenschaftliche Frage behandelnden akademischen Programme, im ganzen und grossen aber den litterae testimoniales ähnlich, die auch die Fakultäten ihren Magistern und Doktoren mit auf den Weg gaben.

Wann und wo zuerst die Sitte aufgekommen ist, eigene Doktordiplome in Plakatform drucken zu lassen, darüber lohnt es sich vielleicht Nachforschungen anzustellen; ich vermute, dass die Sitte nicht über das vorige Jahrhundert zurückreicht.

Jedenfalls hat es in Wittenberg um 1541 noch keine Promotionsdiplome gegeben, man attestierte gelegentlich und auf Verlangen in Form eines Empfehlungsbriefes die geschehene Erteilung des akademischen Grades. Aus diesem Jahre nämlich findet sich ein Zeugnis der Artistenfakultät abgedruckt in den Mitteil. an die Mitglieder des Vereins f. Gesch. u. Altertk. in Frankf. a. M. 4. Bd. 1869/73. S. 192 f. Es beginnt: „Decanus Collegii Professorum Artium in Academia Vitembergensi omnibus lecturis S. D. Petivit a nobis testimonium de suis moribus, studiis ac gradu Vir optimus Hartmannus Beier Francofordiensis....“ In breiter Ausführlichkeit wird der Studiengang des Petenten geschildert. Gegen Ende heisst es dann: „.... decrevimus ei ... Gradum Magisterii in Philosophia ante biennium²) idque his publicis litteris testamur.“

Die Bezeichnung der Doctores bullati im Gegensatz zu den Doctores academici ist also wenig treffend gewesen, und Missbrauch ist in der Verleihung des pfalzgräflichen Doctor- oder Magistertitels wahrscheinlich nicht mehr getrieben worden als in der Graderteilung seitens der Universitäten. Immerhin stand diese Einrichtung im Widerspruch mit dem geschichtlichen Ursprunge der akademischen Grade, und Papst Pius V. handelte ganz korrekt, wenn er 1568 den päpstlichen Pfalz-

---

1) Die Bachmannsche Dissertation erwähnt ein Beispiel mit folgenden Worten: „Exemplum actus Promotionis ad similitudinem Academicae a Ludovico von Hörnigk, quondam S. Palatii Caesarei Comite peractae impressum habemus Francofurti 1630.“ — Leider habe ich diese Schrift nicht ermitteln können.

2) Nach Köstlin, Die Baccalaurien und Magister der Wittenb. philos. Facult. 1538—1546, Osterprogr. Halle 1890, wurde gedachter Beier am 11. Febr. 1539 zum Magister promoviert und hat Tags darauf die Disput. ordinaria als Magister gehalten. — Ein paar Formeln für Gradsuszeugnisse aus Wien von ganz ähnlicher Beschaffenheit giebt Kink, Gesch. d. Univ. Wien, 1854. 1. Beil. S. 14.

grafen die bis dahin geübte Praxis entzog. Der loyale Itter aber schreibt hundert Jahre vor der grossen Revolution, die mit den privilegierten Ständen aufräumte: „Firma adhuc est in Imperio nostro Palatinis Comitibus Caesareo beneficio indulta potestas & inconcussa manebit."

Heute sind mit den kaiserlichen Pfalzgrafen auch die pfalzgräflichen Doktoren verschwunden, und von ihrem einstmaligen Dasein zeugen nur noch in Bibliotheken die Disputierschriften, von denen ich eine zum Schluss dieses Exkurses über den Doctor bullatus im Titel hersetzen will. Dieselbe ist post festum gedruckt worden; es brauchte ja bei dem Mangel einer akademischen Corona keine öffentliche Disputation stattzufinden, zu der der Promovendus wie an Universitäten vorher hätte einladen müssen. Mit unwesentlichen Auslassungen lautet der Titel:

„Conclusiones .... juridicae .... de publicis judiciis, et poenis eorum, Prout fundantur in Jure Digestorum, Instit. Codicis & Novell. Quas ... Cum Autoritate ac Potestate Sacratissimae Caesar. Majestatis Leopoldi .... a Sacri Palatii Caesarei Comite, viro .... Ahasvero Fritschio, ICto pientissimi ac celeberrimi Nominis, Comit. Pal. Caes. nt & Dicasterii Politici Schwazburgico-Rudolphopolitani Directore .... Die VII. Apr. M.DC.LXXXI. Rudolstadii Licentiaturae, Quam vulgo vocant, gradum in utroque Jure, praeviis Examinibus & explicatis propositis Textibus, In Splendidissimo Nobilissimorum Consultissimorumque Virorum consessu, Solenniter impetraret, defendendas suscepit, Gottfried Richter, Hartensteinio-Misnicus. Rudolstadii."

Soviel über den Doctor bullatus.

Von den Privilegien der Doktoren ist im Vorhergehenden so oft die Rede gewesen, dass es jetzt angezeigt erscheint, etwas näher darauf einzugehen.

Die ältesten Prärogative und Rechte der Doktoren und Scholaren, insbesondere die sogenannte akademische Gerichtsbarkeit leiten sich her aus der berühmten Authentica Habita (. Ne filius pro patre Kaiser Friedrichs I. Mancherlei ist im Laufe der Jahrhunderte durch päpstliche und kaiserliche Bullen und Reichsabschiede dazugekommen und wenigstens bis zum dreissigjährigen Kriege hin in Geltung geblieben. So genossen die Doktoren das jus praecedentiae oder $\pi\varrho o\varepsilon\delta\varrho i\alpha\varsigma$, „vi cujus itu sessuque aliis minus dignis in civili vita praeferuntur" (Itter, de honoribus ...). Sie wurden zum Adel gerechnet in dem allgemeinen Sinne wie Kaiser, Könige, Fürsten, Grafen, Barone; nicht gehörten sie dem Adel in specie, den sogenannten Edelleuten an, besondere Adelsprädikate waren ihnen nicht verliehen. „Ein Doktor ist edel, aber doch kein Edelmann." Er wurde dem Ritter gleichgeachtet und hatte also noch den Vorrang vor dem gewöhnlichen Landadel.

Die Rechte und Privilegien der Doktoren waren persönliche und dingliche. Zu den ersteren gehörte zunächst die „facultas legendi, docendi, disputandi & de negotiis professionis suae respondendi." Jedoch ist hierbei zu unterscheiden zwischen einem jus docendi proximum und remotum. Ersteres besitzen nur die Professoren, die Doctores actu regentes[1]) der Universitäten, letzteres kommt allen Doktoren zu. „Neque enim qui $ἱκανότητος$ & habilitatis suae publicum ab Academia consequitur testimonium, eo ipso etiam publice docendi provinciam impetrat." Die unmittelbare facultas docendi an Universitäten musste vielmehr, wie heute noch geschieht, durch besondere Habilitationsleistungen erworben werden.

Die Doktoren waren befreit von persönlichen Lasten wie Wachen stellen, Wege ausbessern helfen u. s. w.; auch Vormundschaften brauchten sie nicht zu übernehmen. Von letzterem Rechte waren allerdings die Juristen ausgenommen aus naheliegenden Gründen. Sie genossen ferner zum Unterschied vom gewöhnlichen Volk ein Kleiderprivileg. Ein Reichsrezess von 1500 stellte sie in dieser Beziehung dem Adel gleich. „Dessgleichen sollen und mögen die Doctores und ihre Weiber auch Kleyder, Geschmuck, Ketten, gülden Ring und anders ihrem Stand und Freyheit gemäss tragen."

Auch besondere Anreden kamen ihnen zu. Die Theologen wurden genannt: Maxime Reverendi; die Juristen: Nobilissimi; die Mediziner: Experientissimi; die Philosophen: Clarissimi und Doctissimi. Zu den persönlichen Rechten gehörte auch, dass sie nicht als Zeugen vor Gericht zu erscheinen brauchten, sondern sich im Hause vernehmen lassen konnten: ferner dass sie lärmende Handwerker, deren Arbeit ihre Studien störte, aus der Nachbarschaft vertreiben konnten.

Anderes übergehe ich.

Die dinglichen Rechte bestanden in der Freiheit von Einquartierungen und sonstigen Reallasten.

Viele positive Vorteile boten sich ausserdem den Doktoren dar. Abgesehen davon, dass die Promotion die Stelle unserer heutigen Staatsexamina versah und den Zugang zu öffentlichen Aemtern aller Art gewährte, standen den Graduierten auch zahlreiche kirchliche Präbenden und Kanonikate offen.

Kurzum der Gelehrtenstand war in der That Jahrhunderte lang ein eximierter Stand von hoher Bedeutung. Indes ist kein Zweifel, dass unter den äussern Ehren die innere Würde am Ende Schiffbruch erlitt und dass sodann umgekehrt der Mangel dieser zur Versagung jener führte. Als vom Revolutionszeitalter her die privilegierten Stände de lege aufgehoben wurden, waren die Prärogative und Rechte der Doktoren de facto schon längst ausser Gebrauch gesetzt. Den Umschwung hat der dreissigjährige Krieg zu Stande gebracht.

In einer Oratio solennis de nobilitate quae literis acquiritur, gehalten zu Wittenberg 1671, beklagt Martini den Wechsel der Zeiten mit folgenden Worten: „Die Behauptung, dass der sogenannte Adel, den wissenschaftliche Bildung verleihe, nur eine Fabel sei, erfunden

---

[1]) scil. cathedram, weil sie bei Disputationen zu präsidieren hatten.

von den Lehrern der Schulen und Universitäten, scheine den Anschauungen des jetzigen Zeitalters durchaus zu entsprechen, wo alle Wissenschaft und freie Geistesbildung, ja der gesamte Gelehrtenstand gering geschätzt und besonders von Höflingen und Kriegsleuten geradezu verachtet würde. So gesunken nämlich sei jetzt das Ansehen der Gelehrten, dass nicht nur jener höchste Grad eines Doktors den Fürsten und sonstigen im Hof- und Heeresdienst hochstehenden Männern verhasst und schon mit seinem blossen Namen widerwärtig sei, sondern dass auch, wenn zufällig ein Gelehrter, was freilich selten geschehe, einen Platz unter jenen vornehmen Herren erreichte, er gezwungen sei, seinen Doktortitel als unverträglich mit dem neuen Range zu verheimlichen und abzulegen, während noch im vorigen Jahrhundert viele Fürsten, Grafen, Barone und Edelleute selbst diesen Titel angenommen hätten. Hieraus könne man ermessen, wie folgenschwer der Wechsel der Zeiten gewesen, welche Früchte der dreissigjährige deutsche Krieg getragen und wie weit sich das jetzige Zeitalter von der Liebe des vorigen zu den Wissenschaften und dem Gelehrtenstande entfernt habe; es sei so entartet, dass kaum Jemand dieses Standes sich von der Zukunft Besserung verspreche, da dieser Hass gegen die Wissenschaften noch von Tag zu Tag zunehme."

Wohl. Aber dem guten Martini ist das Licht der Selbsterkenntnis noch nicht aufgegangen und der wahre Grund des Verfalles der Universitätswissenschaften — denn ausserhalb der Universitäten wuchs der Baum der Erkenntnis, gepflegt von Praktikern und Theoretikern, von Comenius, Ratichius, Cartesius, Spinoza, Leibniz u. A. — verborgen geblieben. Dieser Grund war der durch starre Statuten bedingte scholastische Lehrbetrieb, verbunden mit den scholastischen Zänkereien. Der dreissigjährige Krieg, im Grunde entfacht von scholastischem Gezänk[1]), hat mit gerechtem Gericht seine eigenen Urheber gerichtet und vernichtet.

Die Frage ist nicht unberechtigt, ob denn die Artium magistri gleichen Ranges mit den Doktoren der obern Fakultäten gewesen und dieselben Privilegien genossen haben, wie diese. Man kann das nicht so ohne weiteres bejahen, da bei der Erteilung der Privilegien immer nur von Doktoren die Rede ist, andrerseits aber die Magistri auch nicht ausdrücklich ausgeschlossen werden. Sicher ist der Magistergrad zwar in der Artistenfakultät der höchste, doch geringer geachtet ge-

---

1) „Als damals, nach den grossen geographischen Findungen die Welt aufs neue vertheilt wurde und alle gescheiten Nationen Europas sich in Asien, Afrika und Amerika ihren Antheil nahmen, da hatten die Deutschen keine Zeit dazu. Sie mussten ja einander bis aufs Blut peinigen, mussten einander totschlagen „um Hekuba", will sagen um Rom oder Wittenberg, um Messgewand oder Prädikantenkutte, um „das ist" oder „das bedeutet". So sind sie, während sie diesen Narrenkampf um hohle Nüsse ausfochten, leer ausgegangen bei der Aufteilung der Kolonialbeute." J. Scherr, Neue Briefe vom Züricherberg.

wesen als der Doktorgrad der obern Fakultäten. Das lag an der Stellung, die die Artistenfakultät gegenüber den oberen Fakultäten einnahm.

Aber auch bei diesen fanden noch Rangunterschiede statt gemäss der althergebrachten Reihenfolge der Fakultäten. Wie diese zustande gekommen ist und warum die Philosophie, die die erste hätte sein müssen, an die letzte Stelle geraten, schildert recht einleuchtend Freinshemius in einem von Itter S. 388 beigebrachten Zitat. Es lautet:

„Pontificum autoritate constitutas esse plerasque Academias antiquitus constat. Ne miremur, si maxime honorarunt Ordinem, in quo ipsi honorabantur. Is autem tum Theologorum vocabatur. Juris civilis nulla tum erat notitia: Pontificium obtinebat: hujus ergo Professores jure suo locum primo proximum nacti, mox etiam Juris Justinianei Consultos eodem perduxerunt, praesertim postquam Utriusque fieri coepere. Neque sperni Medici poterant, quorum opera ipsi quoque Pontifices utebantur. Philosophia, quae tum erat in usu, nihil habebat, cur de primatu contenderet. Civilem sapientiam non doceri Papatus intererat. eandem ob causam jacebant bonae literae, historiarum studium negligebatur: quicquid rebus humanis salutaria consilia subministrare potuisset, ultro invisum erat exosumque. Postquam emersit: jam occupatus erat locus, et quia nominibus regimur, quia Philosophia nominatur, cum illa, quae tum tractabatur, infimum in locum coacta est; secundum legem convivalem opinor, quae sedes incommodiores decernit tarde venientibus."

Die Frage, ob der Magistertitel mit dem Doktortitel gleichwertig sei, wurde überhaupt erst im 17. Jahrhundert brennend, als statt des alten Magister artium mehr und mehr der Doctor philosophiae in Aufnahme kam.

Anfänglich wurde der Magistertitel[1]) nicht bloss in artibus, sondern, wie in Paris, auch in theologia gebraucht. Mit einer gewissen Vorliebe haben sich überhaupt die Theologen — ältere Leute erinnern sich dessen noch aus diesem Jahrhundert — vom Volke Magister nennen lassen, ähnlich wie die Pharisäer des Neuen Testaments es gern sahen, wenn sie Rabbi gegrüsst wurden. Auch im Kurialstil sind die Magistri sc. Theologiae vor den Doktoren genannt worden.

Immerhin blieb, auf den deutschen Universitäten wenigstens, die Verleihung des Magistertitels auf die Artistenfakultät beschränkt. Vom 17. Jahrhundert ab erweiterte sich diese nun zur philosophischen Fakultät, umsomehr als das studium bonarum artium (das Trivium und Quadrivium) den Gymnasien zufiel, so dass, wie Itter schreibt, „quae primo Facultas Artium simpliciter vocata fuit, amplificatis postea eruditionis finibus,

---

1) Itter schreibt: „Vox haec civilis pariter atque militaris est usus, ad scholas quoque postmodum translata hisque tribui solet, qui vel classi, societati, numeri praesunt, vel in scientia aliqua, praesertim literaria, eminentiae gradum consecuti sunt. ita ut generali hac Magistri appellatione omnium disciplinarum Doctores, Professores, Praeceptores coeperint denotari."

Artium ac Philosophiae salutari coepisse ipse [Iac.] Thomasius rerumque usus satis docet." So wurde aus dem Artium magister zunächst der Magister philosophiae, und da gleichzeitig die philosophische Fakultät aufhörte, die Vorschule der obern Fakultäten zu sein, so fiel allmählich auch der Unterschied in der Bezeichnung des höchsten Grades, so dass von verschiedenen Universitäten, deren Gründung in diese Uebergangsepoche fällt, wie Strassburg, Helmstedt, Giessen, der philosophische Doktortitel als synonym mit dem Magistertitel aufgenommen wurde.

Der Gebrauch ist lange Zeit bis in das 18. Jahrhundert hinein schwankend gewesen, und beide Titel sind promiscue angewendet worden, bis die philosophische Fakultät ihre Selbständigkeit und Ebenbürtigkeit mit den übrigen Fakultäten erlangt hatte. In Leipzig wurde der Titel Artium magister zuerst erweitert zu Magister philosophiae et bonarum artium. Um 1727 findet sich danach in den Promotionsprogrammen die Bezeichnung Magister philosophiae et bonarum artium sive Doctor, worin also liegt, dass beide Titulaturen identisch sind. Ebenso reden Erfurter Programme vom Magisterium seu Doctura Philosophiae.

Heutzutage ist nun der alte Magistertitel völlig in den Dr. phil. aufgegangen, und wenn manche Universitäten wie Göttingen und Leipzig noch den Doctor philosophiae et artium liberalium magister verleihen, so ist in dieser Verbindung das et nur als epexegeticum zu verstehen, da zwei Grade in dieser Form niemals neben einander existiert haben. Der philosophische Magistertitel ist niemals als ein niederer Grad vor dem Doktortitel verliehen worden.[1]

---

[1] Kink, Gesch. d. Univ. Wien, 1854, I. S. 55 Anm., sagt freilich: „Im 18. Jahrhundert war bereits die Sitte zur Geltung gekommen, dass die philosophische Fakultät ihren magistris erst später, wenn sie zu höherem Alter gekommen waren, noch abgesondert das Diplom eines Doktors der Philosophie ausstellte." Näheres giebt er nicht an. Mir scheint diese nachträgliche Verleihung, wo sie stattgefunden hat, nur eine Aufbesserung des inzwischen aus der Mode gekommenen Magistertitels gewesen zu sein.

Ich habe die Leipziger Programme zu den Magisterpromotionen durch das ganze vorige Jahrhundert hindurch bis in dieses hinein nachgesehen, um dem Ursprunge des Doppeltitels auf die Spur zu kommen. Danach muss ich sagen, dass der Titel „Doctor philosophiae et aa. ll magister" sich unter fortwährenden Schwankungen ganz allmählich von selbst eingebürgert hat, ohne dass eine officielle Einführung etwa auf Grund eines Fakultätsbeschlusses erfolgt ist. Nach einem Programme von 1751 „ad renuntiationem magistrorum" ging damals der Promotionsakt so vor sich, dass die candidati magisterii, soweit sie noch nicht Baccalarien sind (man hat übrigens 1759 die Baccalariatsprüfungen in artibus ganz eingestellt) zuerst als solche kreiert und ausgerufen werden, worauf alle Baccalarien zu „Philosophiae ac bonarum artium Licentiati" ernannt und diese endlich mit den „summi in philosophia honores" ausgestattet werden. Letzteres ist mit folgenden Worten beschrieben: „...... Excellentissimus Christius..... Licentiatos optimarum artium et linguarum Magistros adeoque totius Philosophiae, verae, castae et salutaris, doctores faciet ac creabit....." Man ersieht hieraus, dass der Magister- und der Doktortitel für synonym gelten. Auch 1755 heisst es in einem

Einzig die Bonner neugegründete Fridericia Guilelmia hat den Magistergrad als einen geringeren neben dem Doktorgrad in der philosophischen Fakultät eingeführt, was jedenfalls als ein Novum zu betrachten ist. Ich weiss aber nicht, ob jemals Jemand von diesem Grad Gebrauch gemacht hat.

Der Pomp, der bei Doktorpromotionen entfaltet wurde, die Geldsummen, die die Promovenden aufbringen mussten, entsprachen anfänglich wohl der hohen Rangstellung und den sonstigen Vorteilen, die die Doktorwürde mit sich brachte. „Welcher Massen die promotiones in omnibus Facultatibus insgemein ahnzustellen", lehren bis ins Einzelste die von Rathgeber 1876 herausgegebenen Statuta Academiae Argentinensis im Tit. XXXII. Nachdem Tentamen, Examen und Disputatio inauguralis stattgefunden hat, ladet der Promotor durch ein offenes Programm, „für welches die Candidati[1]) den trucker contentiren sollen", zum Actus promotionis ein. Die Einladungen geschahen entweder bloss zur Promotionsfeier, oder zu dieser und zum Convivium. Die ersteren erstreckten sich auf alle fürstlichen und Standesherren, den Magistrat, die Professoren, die praeceptores classici, alle Pfarrer, Doctores und Licentiati, so in der Stadt sesshaft. Zum Doktorschmaus aber wurden gebeten: die regierenden Herren Stadt- und Amtmeister, die Scholarchen, der Rektor und die Dekane und die Professoren der Fakultät,

---

Programm ausdrücklich: „Philosophiae ac liberalium artium Magistri seu Doctores". Dabei bleibt es in den beiden folgenden Jahrzehnten. Die Anforderungen für die Erwerbung des Grades lässt ein Programm von 1764 in dem Satze erkennen: „si profectus suos in Philosophia, Graecisque et Latinis litteris satis probaverint". Das alte Trivium und Quadrivium, woraus früher geprüft wurde, ist also abgethan. In einem Programm von 1782, dessen Titelblatt wie bisher und noch fernerhin bloss „ad renunciationem magistrorum" einlädt, erscheint zum ersten Male die Benennung „bonarum artium Magistri ac philosophiae Doctores". Doch ist damit die Anwendung des Doppeltitels noch keineswegs fixiert. Der Dekan Ernesti spricht in der Folgezeit wiederholt bloss von „Philosophiae candidatis qui magistri creantur". Im Jahre 1793 tritt der Doppeltitel zum ersten Male auf dem Titelblatt des Programms auf: „Solemnia doctorum philosophiae et magistrorum artium ... indicit ... Beckius ... prodecanus", er verschwindet dann ab und zu wieder und wird erst in diesem Jahrhundert stehend. Jedoch ist noch in den 20er Jahren nur die Rede von „candidatis magisterii" und „magisterii honores". Ein Programm von 1800 lädt ein „ad inaugurationem philosophiae et bonarum artium magistrorum atque doctorum", und im Text desselben ist ganz und gar nur die Rede von „Philosophiae et bonarum artium Doctores" — also keine Unterscheidung, kein Doppeltitel. Kurz wir sehen, dass die Titel Magister und Doctor promiscue gebraucht worden sind und in ihrer heutigen Verbindung durchaus keine doppelte Würde bezeichnen. Der auf manchen Universitäten sogenannte „grosse" und „kleine Doktor" der Philosophie hat hiermit aber auch nichts zu thun. Beide unterscheiden sich nur in der Art der Verleihung. Der „kleine Doktor" wird privatim d. h. in nicht öffentlicher Sitzung der Fakultät verliehen, der „grosse" in einem öffentlichen Akt. Beiden, sowohl den „privati creati" wie den „antiquo ritu creati", wird in Leipzig der volltönende Doppeltitel beigelegt.

[1]) Gewöhnlich vereinigten sich der hohen Kosten wegen mehrere Kandidaten zu gemeinsamer Promotion.

die ausserdem noch je einen Gast einführen konnten. Waren der Promovendi mehrere, so dehnte sich der Kreis der Einzuladenden noch erheblich weiter aus.

„Diese jetzt erzehlte Persohnen alle mit einander sollen auff gemeinen der Candidatorum Kosten frey gehalten werden, wie auch dasjenige, was die Musicanten, Bläser uff dem Münster, die flaschenträger und Stadtkieffer anlangt mit samptem zuthuu, ihr der Candidatorum zu entrichten."

Am frühen Morgen des Promotionstages versammelten sich nun die Teilnehmer in der Zunftstube der Kauflente und Gelehrten, „zum Spiegel" geheissen, um von hier aus die feierliche Prozession zum Actus anzutreten. Vorangingen zwei Pedelle mit den akademischen Sceptern, dann folgten Knaben, zwei mit brennenden[1]) Kerzen, der dritte mit Buch und Sammetbarett, eventuell je nach der Anzahl der Kandidaten noch mehr Knaben mit „hüeten". Hinter diesen erschien der Rektor und der Promotor; dann traten zu je dreien an die Promovenden, worauf die Professoren, nach Fakultäten geordnet, die Pastoren, Diakoni, praeceptores classici u. s. w. das Gros des Zuges bildeten.

Der Promotionsakt selbst wurde im Grossen Auditorium des Hohen Chors der alten Predigerkirche vollzogen. Die Musik spielt beim Einzug. Die Kandidaten treten in inferiorem locum, der Promotor besteigt das obere Katheder. Er beginnt mit einer kurzen Rede, an deren Schluss er vom Kanzler die potestas creandi erbittet. Nachdem diese gewährt und der Promotor gedankt, liest der Notar den Doktoreid vor. Die Kandidaten schwören „mit zween Fingern auf das Sceptrum", das der Pedell hinhält. Danach gehen die Kandidaten in cathedram superiorem zum Promotor, der nun die Renunciation vollzieht. Nachdem dies geschehen, werden unter gleichzeitiger Erklärung die üblichen Ceremonien angewendet, nämlich die Uebergabe des Katheders, des geschlossenen und geöffneten Buches, des Baretts, des Ringes und endlich die Erteilung des Doktorkusses.[2]) Mit einer Segensprechung schliesst die amtliche Handlung.

---

[1]) In Giessen wurden die Fackeln erst auf dem Rückweg angezündet.
[2]) Von diesen „Insignia doctoralia" sind als Symbole der Investitur für wesentlich anzusehen: die Aufsetzung des Baretts und die Verleihung des Ringes. Der Doktorkuss wurde vielfach weggelassen z. B. in Jena. Ich gebe aus einer Jenenser Magisterpromotion v. J. 1685 eine Deutung jener Symbole. Es heisst da:

„Ac primum quidem vos ... in hanc deduxi cathedram, ut intelligatis scilicet, vobis deinceps docendi atque disputandi potestatem jam publice esse concessam.... Ad haec librorum vobis opus est subsidio.... Huic fini aperiam libros e regione vestrum positos, ut sciatis quotidie adhuc discendum & pectus varia doctrina imbuendum. ... claudo hos libros: ut cogitetis saepius vel sine his Doctoribus respondendum vestraeque doctrinae reddendam esse rationem. Pileum vobis nunc imponam non libertatis modo, sed et sacerdotii insigne. Sapientiae facti estis sacerdotes.... Denique annulo digitos vestros orno eoque vos jungo sanctae Sophiae & Sophorum ordini."

Wie sie gekommen, so geht die Prozession zurück zum „Spiegel", diesmal unter Vorantritt der Musik, der erste Doktor geführt von Kanzler und Rektor, der zweite vom Scholarchen und Promotor u. s. w.

Auf der genannten Zunftstube „zum Spiegel" ist inzwischen die Mahlzeit angerichtet, die aber unter Umständen auch wo anders, z. B. in der Behausung des Promotors oder des Dekans abgehalten wurde. Am folgenden Tage erfolgte seitens der neuen Doktoren die Abrechnung mit dem Küchenmeister oder Gasthalter unter Zuziehung des Promotors. Die eigentlichen Promotionsgebühren waren schon vor dem Tentamen und Examen zu erlegen gewesen.

Aus dem Strassburger Beispiel kann man ungefähr schliessen, dass die Gesamtkosten einer Promotion in die Hunderte von Thalern gegangen sein mögen und dass Mancher damit, wie Balthasar Schuppius sagt, „seines Vaters letzten sauren Schweiss" verthan hat. Gegen den übermässigen Aufwand bei Doktorpromotionen wendet sich auch ein päpstliches Dekret in Lib. V., Tit. I., cap. II. Clementin. Constitut., worin verfügt wird, dass die Promovenden durch Eidschwur anzuhalten sind, nicht mehr als 3000 Turonensische Silberlinge auszulegen. Die Höhe dieser Summe muss uns immer noch auffallen, wenn die Ittersche Berechnung derselben auf 500 Reichsthaler richtig ist.

Aus einer Kostenrechnung für eine im Jahre 1611 zu Frankfurt stattgehabte theologische Doktorpromotion des Pfarrers an St. Elisabeth in Breslau Zacharias Hermann will ich nur die Hauptposten herausheben.

	Tal.	Gr.	D.
Der theol. Facultät hab ich in der Dispensation erleget	73	32	—
Dreyen Buchdruckern für allerley Materien zu drucken	29	24	—
Für allerlei Sammet, welcher den Professoribus ausgeteilet	55	18	—
Für Bernauisch, Zerbster und Fürstenwaldisch Bier	53	20	—
Für Wein nach gehaltener Disputation	30	25	6
Für Handtschuh in der Promotion	38	14	—
Für Confect auf die examina promotion, Item Holtz, kolen u. s. w.	31	6	6
Für Fleisch, Wildpret, Fische, Hüner und andere Speisen auf unterschiedliche convivia	89	24	—
Dem Herrn Doctori Pelargo, der vielfaltig sich gemühet, das convivium bey sich zu halten vergönnet .... hab ich eine übergüldete Weintraube präsentiret kostet	23	24	—

Die Deutung des Doktorkusses entnehme ich einem Hallenser Promotionsprogramm von 1713: „Tandem ora vestra excipio osculis. His enim ob honorem, quem accepistis, dignos vos judicamus, ut in nostro agatis consortio; ut jure auctoritateque utamini, nobiscum communi."

Andere Auslegungen s. bei Itter, de honoribus s. gradibus academicis. Argent. 1698.

Hierzu kommen nun noch eine ganze Reihe kleinerer Ausgaben, so dass sich die ganze Rechnung auf 622 Thaler 23 Groschen belaufen hat. Wahrlich, man hat es verstanden, sogar in der theologischen Fakultät, die Kandidaten ordentlich zu rupfen und geradezu sündhaft auszuplündern.

So ehedem. Und wie steht es heute mit der Doktorwürde? Hat ihre Verleihung, nachdem der wissenschaftliche Unterricht ein ganz anderer geworden ist und alle Privilegien aufgehoben sind, die Bekleidung öffentlicher Aemter aber von der Ablegung besonderer Staatsprüfungen abhängig gemacht worden ist, noch eine praktische Bedeutung? Welche kann man ihr geben?

Gelehrt sein bedeutete früher: die Bücher seiner Wissenschaft gelernt haben, die Summa des Wissens innehaben; darauf beruhte das Lehrenkönnen, die praktische Verwertung des Gelernten. Nach der theoretischen Seite hin ist der Promotus ein Doctus, nach der praktischen ein Doctor. Das soll auch heute noch gelten. Auf den Universitäten wird die Wissenschaft nach ihrem jeweiligen Stande gelehrt: wer sie sich aneignet, ist doctus, und wer sie in irgendwelcher Berufstellung bethätigt, ein Doctor; denn er kann das nicht, ohne Andere zu lehren. Der rechtmässig geführte Doktortitel nun bekundet die akademische Bildung und involviert ihre Bethätigung als Lebensaufgabe. In den meisten Fällen zwar macht die Amtsbezeichnung die Führung des Doktortitels in diesem Sinne überflüssig. Immerhin schadet es nicht, wenn auch die Aemter-Inhaber durch den Doktortitel an ihre allgemeinere Aufgabe beständig erinnert werden, Lehrer der Menschheit zu sein und Vertreter des Idealismus, ohne den es überhaupt keine Wissenschaft giebt.

Nicht jeder, der studiert, sucht diesen Titel; aber denen, die Wert darauf legen, muss die Möglichkeit, sich ihre wissenschaftliche Bildung öffentlich bestätigen zu lassen, gewahrt bleiben. Das ist die praktische Bedeutung der Doktorwürde.

Aber die Universitäten lehren heute nicht bloss, was gewusst wird, sondern forschen auch nach dem noch nicht Gewussten und lehren noch nicht Gewusstes finden. Das ist ihre andere und im Gegensatz zum Altertum neue Aufgabe.

Es ist nun die Frage, ob hieran eine Bedingung für die Verleihung der Doktorwürde zu knüpfen ist, d. h. ob von dem Doktoranden oder von dem Doctor promotus eine Förderung der Wissenschaft durch positive Leistung verlangt oder erwartet werden muss. Ich verneine diese Frage.

Wohl muss die Universität Gelehrte heranziehen, die sich ganz der Wissenschaft widmen und eventuell auch die akademische Laufbahn einschlagen. Für diese Jünger der Wissenschaft ist die Promotion die Inauguration eines wissenschaftlichen Lebens und Strebens und der Doktortitel der unterste Grad. Gelangen sie zum wissenschaftlichen Können, werden sie Mehrer des Wissens, so ist die Verleihung des Professortitels gerechtfertigt. In diesem erst beruhen gemäss der heutigen Aufgabe der Wissenschaft die summi honores.

Aber für solche Leute allein ist die Universität nicht da; sie ist sich nicht Selbstzweck, ebenso wenig wie die Wissenschaft. Wer studiert hat, hat das Recht, sich den Inhalt und Umfang seiner Studien von seiten der Universität in einer Doktorprüfung bescheinigen zu lassen. Die sogenannte Exmatrikel genügt dafür nicht. Eine scharfe Prüfung muss statthaben, ähnlich der Abgangsprüfung an Gymnasien. Der Kandidat muss sich über seine wissenschaftliche Reife ausweisen; er muss zeigen, dass er doctus ist in dem, was die Universität ihn an thatsächlichem Wissen, wie an wissenschaftlicher Methode gelehrt hat. Die Prüfung muss schriftlich und mündlich sein und sich ausser auf die gewählte Hauptwissenschaft nebst ihren Hülfswissenschaften auf Philosophie erstrecken. Denn die Philosophie ist das grosse Sammelbecken, in das der Ertrag aller wissenschaftlichen Forschung abfliesst; sie ist die Rüstkammer des menschlichen Geistes, aus der sich der Forscher die Prinzipien seiner Methode holt. Der Mangel an philosophischem Sinn führt auf Abwege, wie wir sie heutzutage z. B. die Medizin mit ihrer bakteriologischen Topfguckerei zum Schaden der Menschheit verfolgen sehen.

Nun ist zweierlei leicht einzusehen, nämlich erstens dass diese Doktorprüfung kein Geldgeschäft für die Professoren sein darf, und zweitens dass eine gedruckte Dissertation überflüssig ist.

Noch überall werden dem Doktoranden mindestens hundert Thaler durchschnittlich an Promotionsgebühren abverlangt, das ist eine Geldsumme von solcher Höhe, wie sie der Arbeitsleistung weniger Stunden kaum gebührt. Aus der Eitelkeit der Menschen aber Vorteil zu ziehen ist für die Universitäten ebenso unmoralisch, wie für den Lotto-Staat aus der Dummheit und den Diebsgelüsten der Spieler. Uebrigens kann das Moment der Eitelkeit heute nach Abschaffung aller der früher mit dem Doktortitel verbunden gewesenen Privilegien und äusseren Ehren kaum noch in Betracht kommen, wenn die Doktorprüfung ernsthaft genommen wird. In diesem Falle ist die Doktorwürde die wohlerworbene Anerkennung akademischer Bildung, die ganz andere Charaktereigenschaften als die Eitelkeit zur Voraussetzung hat. Die Professoren aber als staatlich angestellte und besoldete Lehrer haben einfach die Pflicht, die Doktorprüfungen ohne Extrasportel auf Verlangen abzunehmen, so gut wie die Lehrer an Gymnasien die sogenannten Reifeprüfungen. Gerade die Geldfrage hat das Promotionswesen von Anfang an korrumpiert, und es wird nachgerade Zeit diesen Stein des Anstosses aus dem Wege zu räumen.

Was endlich die gedruckte Inauguraldissertation anlangt, so ist sie sachlich keineswegs notwendig. Ihr geschichtlicher Ursprung liegt in dem frühern akademischen Lehrbetrieb; sie war die materielle Unterlage einer öffentlichen Disputation, einer wissenschaftlichen Parade, die den Höhepunkt schulmässigen gelehrten Könnens bildete. Das Disputationswesen ist dahin, die Dissertationen sind geblieben und heute so wenig wert wie früher. Die Doktorprüfung soll nichts weiter sein als die Probe erfolgreicher gelehrter Studien; eine positive wissenschaftliche Leistung wird erst von denen zu verlangen sein, die die Wissenschaft zum Lebensberuf machen und sich habilitieren wollen. Jedes Jahr haben die Universitätsbibliotheken an 3000 in- und ausländische Doktordissertationen zu verarbeiten. Welche Summe nutzloser Arbeit, welche Verschwendung von Zeit und Geld steckt darin! Verzichtet man nicht endlich, auch aus volkswirtschaftlichen Gründen, auf die gedruckte Dissertation, so steht zu befürchten, meinetwegen auch zu hoffen, dass diese Einrichtung „mole ruit sua". In das neue Jahrhundert werden wir sie schwerlich mithinüberschleppen.

Anhang.

Die ehemaligen und die heutigen Universitäten deutscher Zunge mit ihren Eigennamen und Zeitbestimmungen.

1. **Altdorf.** Academia Altorfina; Alma Norica oder Noricorum oder Norimbergensium Universitas; Berytus Noricorum; Athenae Noricae; Alma Noribergensium Palaecome.
Als Akademie (mit philos. Graden) gegründet 1578, eröffnet **1580**; als Universität (ohne theol. Privil.) seit 1623; als volle Universität seit 1697. Aufgelöst **1809**.
2. **Bamberg.** Universitas Bambergensis oder Bambergensium.
Als Akademie (mit theol. u. phil. Graden) eröffnet **1648**; als Universität 1773. Aufgelöst **1803**.
3. **Basel.** Academia Basiliensis und Basiliensium; Rauracorum oder Raurica Universitas; Helvetiae Academia; Rauracorum Basilea.
Begründet 1459, eröffnet **1460**.
4. **Berlin.** Universitas Friderico-Guilelmiana.
Begründet 1809, eröffnet **1810**.
5. **Bern.** Academia Bernensis.
Gestiftet **1834**.
6. **Bonn.** a) Kurkölnisch. Alma Electoralis Maximilianea und Maximilianeo-Fridericiana.
Gestiftet 1777, eröffnet **1786**, aufgelöst **1797**.
b) Preussisch. Universitas Fridericia Guilelmia und Friderico-Guilelmiana Rhenana.
Eröffnet **1818**.
7. **Braunsberg.** Lyceum Hosianum.
Als Jesuitenkolleg begründet 1565; als preussisches Lyceum **1818**.
8. **Breslau.** Academia Leopoldina und Viadrina; Universitas Vratislaviensis.

Erste Patentierung 1505. Zweite und Eröffnung 1702. Volle Universität nach der Vereinigung mit Frankfurt seit 1811.
9. **Brünn** s. Olmütz.
10. **Bützow.** Academia Mecklenburgica Fridericiana; Academia Fridericiana Buetzoviensis.
Von Rostock abgezweigt 1760, wieder vereinigt 1789.
11. **Cöln.** Alma perantiqua semperque catholica universitas Coloniensis; celeberrima Agrippinatum academia.
Begründet 1388, aufgelöst 1796.
[12. **Culm.** Päpstl. Stiftungsurkunde v. 9. Febr. 1387. Nicht eröffnet.]
13. **Czernowitz.** Franz-Josephs-Universität. Gestiftet 1875.
14. **Dillingen.** Academia Dilingiana.
Eröffnet 1554, eingegangen 1809.
15. **Dorpat.** a) Schwedisch-deutsch. Academia Gustaviana, Gustavo-Carolina, Dorpato-Pernaviensis.
Begründet 1632. In Reval 1657—1662. Wieder in Dorpat 1690—1704. In Pernau 1704—1710.
b) Russisch-deutsch.
Erneuert 1802. Russifiziert 1893.
16. **Duisburg.** Academia Duisburgensis und Teutoburgensium: Friderico-Guilelmiana, quae Teutoburgi Clivorum floret.
Erste Gründung 1566, zweite 1654, eröffnet 1655, aufgehoben 1806. (Letzte medizin. Dr.-Diss. 1817!)
17. **Ellwangen.** Kath.-theol. Fakultät gegründet 1812, eröffnet 1813, nach **Tübingen** verlegt 1817.
18. **Erfurt.** Universitas Erfurtina, Gerana, Hierana, auch Moguntina; Electoris Moguntini Jerana; ad Hieram oder Geram Athenaeum Electorale oder universitas; Tyrigetarum Gerana.
Patente von 1379 und 1389, eröffnet 1392, aufgelöst 1816.
19. **Erlangen.** Academia Erlangensis, Fridericiana, dann Friderico-Alexandrina.
Errichtet 1743.
20. **Frankfurt a. O.** Illustris ad (cis, propter) Viadrum Academia: Viadrina; Francovadana; Marchica; Brandenburgica Electoralis; Trajectina.
Errichtet 1506, nach **Breslau** verlegt 1811.
21. **Freiburg i. Br.** Academia Albertina, seit 1820 Albertina-Ludoviciana; Albert-Ludwigs-Universität.
Errichtet 1457.
22. **Fulda.** Alma Adolphiana.
Gestiftet 1732/33, eröffnet 1734, aufgelöst 1802.

23. **Giessen.** Academia Ludoviciana.
Errichtet **1607**, nach Marburg verlegt **1625**, wieder eröffnet **1650**.

24. **Göttingen.** Georgia Augusta.
Errichtet **1734**, erste Promotion 3. Dezember **1735**; inauguriert **1737**.

25. **Graz.** Universitas Graecensis; Karl-Franzens-Universität.
Begründet **1573**, eröffnet **1586**, aufgehoben **1782**, wieder eröffnet **1826**, vervollständigt durch mediz. Fakultät **1863**.

26. **Greifswald.** Academia Gryphica, Gryphiswaldensis und Gryphiswaldensium; Pomerana und Pomeranorum; Athenae Balticae Pomeranorum.
Errichtet **1456**. (Von 1437—1443 war Rostock in Greifswald.)

27. **Halle.** Academia Fridericiana Electoralis und Regia.
Errichtet **1693**, inauguriert **1694** 1./11. Juli; cum Vitebergensium consociata seit **1817**.

28. **Heidelberg.** Vetustissima Germanorum Academia; Palatinorum Universitas; Electoralis Palatina; Electoralis ad Nicrum; Ruperto-Carolina oder -Carola; auch Academia Heidelbergensis.
Päpstliche Stiftungsbulle vom 23. Oktober 1385, eröffnet 18. Oktober **1386**.

29. **Helmstedt.** Academia Julia; seit Mitte vorigen Jahrhunderts Julia Carolina.
Eröffnet **1576**, reorganisiert 1650, geschlossen am 14. März **1810**.

[30. **Herborn.** Academia Nassauensis, Herbornensis; Herbornense Athenaeum.
Hohe Schule begründet **1584**, um **1650** kaiserliche Privilegien zur Begründung der Universität nachgesucht, der hohen Kosten wegen aber nicht eingelöst. Bestand mit allen vier Fakultäten bis in dieses Jahrhundert.]

31. **Jena.** Academia Johan-Fridericiana (selten); Celeberrima Salana; Alma ad Salam;¹) Thuringiae Berytum.
Erste Gründung 1548, privilegiert 1557, eröffnet **1558**, reorganisiert 1817.

32. **Ingolstadt.** Gymnasium Angelipolitanum oder Ingolstadiense (Ingolstadiensium); Catholica Ingolstadiensis Academia; Bojorum universitas Ingolstadiensis.
Gestiftet **1472**, nach **Landshut** verlegt **1800**.

1) Auch Upsala heisst: Regia quae ad Salam est Academia.

33. **Innsbruck.** Universitas litteraria Oenipontana; Academia R. C. Leopoldina.
Patente von 1669 und 1677, als Gründungsjahr wird angenommen 1672, aufgelöst 1782, wieder eröffnet 1791, zum zweiten Male aufgehoben 1810, erneuert 1826, vervollständigt durch medizinische Fakultät 1869.

34. **Kiel.** Academia Cimbrica oder Holsatorum; Universitas Chiloniensis; Christiana-Albertina. Christian-Albrechts-Universität.
Patentirt 1652, eröffnet 1665.

35. **Königsberg.** Academia Albertina, Albrechts-Universität; Academia Bregelana und ad Pregelam regia.
Gegründet 1544.

36. **Landshut** s. Ingolstadt.
Nach **München** verlegt 1826.

37. **Leipzig.** Academia Lipsiensis, Lipsiensium; Alma Lipsia, Philurea, Philyrea, Tiliana; Illustris Philyrina; Athenae Plissiacae.
Begründet 1409.

38. **Mainz.** Alma Electoralis semperque catholica universitas Moguntina; Academia Mogona.
Gestiftet 1476, eröffnet 1477, reorganisiert 1784, aufgelöst 1797, bis 1803 noch in Aschaffenburg fortgesetzt, letztes Lebenszeichen ein Doktordiplom (honoris causa) der medizinischen Schule in Mainz vom 6. Mai 1816

39. **Marburg.** Zuerst Alma Philippina, später Wilhelmiana; gewöhnlich Universitas Marburgensis.
Gestiftet 1527, reorganisiert 1653.

40. **München** s. Landshut. Ludovico-Maximilianea; Ludwig-Maximilians-Universität.
Eröffnet 1826.

41. **Münster.** Academia Monasteriensis.
a) Bischöfliche Universität von 1773 bis 1818.
b) Preussische Akademie seit 1818.

42. **Olmütz.** Franzens-Universität.
Begründet 1574, eröffnet 1576 mit zwei Fakultäten (theol. u. philos.), 1670 kam die juristische dazu, von 1778 bis 1782 in **Brünn**, alsdann zum Lyceum mit theologischen und philosophischen Promotionen herabgesetzt; 1827 als Franzens-Universität wieder eröffnet; eingegangen 1855.

43. **Osnabrück.** Academia Carolina Osnabrugensis.
Bestand nur von 1630 bis 1633.

44. **Paderborn.** Academia Theodoriana Paderbornensis.
Gestiftet 1615/16 (nur theol. u. phil. Fak.), aufgehoben 1819.

[45. **Posen.** Königliches Privileg vom Warschauer Reichstag angenommen 1611; auf den Einspruch der Krakauer Universität hin vom Papste nicht genehmigt.]

46. **Prag.** Universitas Pragensis; Carolo-Ferdinandea; Karl-Ferdinands-Universität.
Gestiftet 1347, eröffnet **1348**.

47. **Rinteln.** Academia Hagensis; Hasso-Schaumburgica; Schaumburgica ad Visurgim; Rinteliensis und Ernestina.
Gestiftet 1619 zu Stadthagen, nach Rinteln verlegt und eröffnet **1621**, aufgehoben **1809** (gleichzeitig mit Helmstedt).

48. **Rostock.** Academia Rhodopolitana, Varno-Baltica; Rosarum oder Varniadum academia; Rosa Varniaca; ad Varnum Rosetum; Athenaeum Arcto-Paestanum; Universitas Rostochiensis.
Gegründet **1419**; von 1437—1443 in Greifswald, gab Veranlassung zur Gründung der Greifswalder Universität.

49. **Salzburg.** Alma et Archiepiscopalis Universitas Salisburgensis; Juvaviae studiorum universitas catholica.
Gestiftet 1620, eröffnet (11. Oktbr.) **1622**, aufgelöst **1810**.

50. **Strassburg.** Academia Argentinensis, Argentoratensis und -inm; Treboccorum Universitas. Heute Kaiser-Wilhelms-Universität.
a) Als Sturmsche Akademie mit philos. Promotionen begründet 1566.
b) Universität seit **1621** bis 1870.
c) Neue deutsche Universität seit **1872**.

51. **Stuttgart.** Academia Carolina. Die Hohe Karls-Schule. Universität von **1781** bis **1794**.

52. **Trier.** Universitas Trevirensis antiquissima.
Gestiftet 1454, eröffnet **1472**, aufgehoben **1798**.

53. **Tübingen.** Academia Eberhardina; Eberhardino-Carolina; Tubingensis; Eberhard-Karls-Universität.
Gegründet **1477**; kathol.-theol. u. staatswirtsch. Fak. seit 1817, naturwissenschaftliche seit 1863.

54. **Wien.** Universitas Vindobonensis.
Gestiftet **1365**.

55. **Wittenberg.** Academia Leucorea; Albipolitana oder ad Albim; Electoralis Saxonica; Vitebergensis.
Gestiftet **1502**, mit Halle vereinigt **1817**.

56. **Würzburg.** Alma Julia Universitas; Eoo-Francica Julio-Ducalis Herbipolensium Universitas; Julius-Maximilians-Universität.
Erste Stiftung von Bischof Joh. v. Egloffstein: 1102 bis 1413.
Zweite Stiftung von Fürstbischof Julius **1582**.

57. Zürich. Universitas Turicensis.
Gestiftet **1833**.

Anmerk. Raumer, die deutschen Universitäten, rechnet Linz mit zu den Universitäten, es gehört jedoch kaum dahin. Es ist seit 1669 akademisches Gymnasium oder Lyceum (Academia Lincensis) gewesen und hat als solches wie andere derartige Schulen, die, ohne privilegiert gewesen zu sein, sich mit dem Namen Akademie und Universität schmückten, Fakultätsstudien betrieben. Leopold I. hat dem Gymnasium 1674 das Recht verliehen, Baccalarien und Magister in philosophia zu kreieren. Das ist Alles. Auch sonst bedarf die Raumersche Liste noch der Verbesserung und Vervollständigung. Ich habe meine Daten nach Möglichkeit aus ersten Quellen geschöpft und glaube so ziemlich für die Richtigkeit einstehen zu können.

Inhaltsübersicht.

	Seite
Vorwort	1
Kapitel 1. Wesen und Zweck der akademischen Disputationen.	
Das Disputieren der Schwerpunkt des akademischen Studiums. Eine öffentliche Disputation das akademische Gesellen- und Meisterstück. Actus disputationis Objektiver oder materieller und subjektiver oder formaler Zweck: Ermittelung der Wahrheit und Uebung. Conrings einseitige Auffassung	1
Kapitel 2. Die verschiedenen Arten der akademischen Disputationen.	
Universitätsstatuten: Wittenberger u. a. Disputationes publicae ordinariae und extraordinariae; Disputationes circulares; Disputationes privatae	6
Kapitel 3. Die öffentlichen Disputationen (Disputationes publicae).	
a) Die Disputationen pro gradu. Die akademischen Grade. Ueberwiegen der juristischen Disputationen. Besonderes Verfahren bei den Magisterpromotionen	13
b) Abgangsdisputationen der Juristen in Verbindung mit Fakultätsprüfungen (pro praxi)	19
c) Stipendiaten-Disputationen und solche, die jussu parentum etc. gehalten wurden (Specimina eruditionis)	22
d) Disputationes valedictoriae	25
e) Die Disputationen pro completione	28
f) Disputationen aus ausserordentlichen Anlässen	30
Kapitel 4. Die Zirkular-Disputationen (Disputationes circulares oder semipublicae).	
Die Neubauersche Definition. Oeffentliche Disputierübungen in geschlossenem Kreise unter Zugrundelegung eines Autors. Geo. Andr. Will über das Disputationswesen in Altdorf. Die Erfurter Zirkular-Disputationen nach Motschmann. Thomasius' Collegium disputatorium in Halle	30
Kapitel 5. Die Privatdisputationen (Disputationes privatae).	
Oeffentliche und private Disputationen. Herkunft des Wortes Collegium. Die Ingolstadter Collegia des 16. Jahrhunderts. Unterschied der Privatdisputationen von den circulares. Die Neubauersche Definition. Stintzing über die Disputatio privata. Sammlungen von Disputationen. Schlussbetrachtung über die verschiedenen Arten der akademischen Disputationen	35

	Seite
Kapitel 6. Die Bedeutung und die Aufgabe des Präses. Unterscheidung zwischen Präses- und Respondentendisputationen. Die Inauguraldisputationen meistens ohne Präses. Der Präses Mitverteidiger oder conflictus moderator	46
Kapitel 7. Die Autorschaft der akademischen Disputationen. Die „Titelblätter" blosse Ankündigungen einer bevorstehenden Disputation. Die Disputierschrift als akademische Gelegenheitsschrift des Präses; als Tirocinium literarium des Respondenten unter Anleitung des Präses. (Die erste deutsch geschriebene akademische Dissertation.) Gebrauch der Zeitgenossen in Ansehung der Autorschaft: Das Verfahren des Präsiden (S. 55). Autorschaft der Inauguraldisputationen. Statutarische Vorschriften bei verschiedenen Universitäten. Das Tübinger Verfahren bis in die Neuzeit. Das Verfahren der Buchhändler (S. 63). Das Verfahren der Bibliographen (S. 66). Allgemein werden die Dissertationen unter dem Namen des Präses geführt. Gründe. Dem Respondenten widerfuhr kein Unrecht. Für Katalogzwecke die Frage nach der Autorschaft überflüssig. Eintragung unter dem Namen des Präses	51
Kapitel 8. Die Schuldisputationen der akademischen Gymnasien. Entstehung und Charakter der akademischen Gymnasien. Beispiele: Soest, Hamm, Danzig, Hildburghausen. Disputationen wie an Universitäten	73
Kapitel 9. Aeusseres der Disputierschriften. Druckkosten. 1. „Titelblatt". 2. Widmung. 3. Vorrede. 4. Text. 5. Corollarien. 6. Carmina gratulatoria. — Die Druckkosten	82
Kapitel 10. Der Abusus disputandi und die Hallenser Reformbestrebungen. Käuflichkeit der akademischen Grade. Die öffentlichen Disputationen (nach Thomasius) Tragödien und Komödien. Gänzlicher Verfall nach dem 30 jährigen Krieg. Thomasius' Klagen. Die Hallenser Reformversuche. Ursache des Scheiterns derselben: der Geist der Neuzeit. Allmähliche Entwickelung der Universitäten zu Forschungsanstalten	89
Kapitel 11. Ueber die Bedeutung der Doktor-Promotionen sonst und jetzt. Begriff der „Universitas". Ursprung der akademischen Grade. Die Privilegien verweltlichen den Doktorat. Die Erteilung der Grade kaiserliches Regal. Die Doctores Caesareo-Palatini oder bullati. Die Privilegien der Doktoren. Der Artium magister geht über in den Doctor philosophiae. Der Ritus promotionis in Strassburg. Promotionskosten in Frankfurt 1611. Forderungen für die Verleihung der Doktorwürde in heutiger Zeit	102
Anhang. Verzeichnis der ehemaligen und der heutigen Universitäten deutscher Zunge mit ihren Eigennamen und ihren Zeitbestimmungen	121